すぐに役立つ

最新 建築基準法と私道・境界・日照権の法律とトラブル解決法

弁護士 森 公任／弁護士 森元みのり 監修

三修社

本書に関するお問い合わせについて

　本書の記述の正誤に関するお問い合わせにつきましては、お手数ですが、小社あてに郵便・ファックス・メールでお願いします。大変恐縮ですが、お電話でのお問い合わせはお受けしておりません。内容によっては、お問い合わせをお受けしてから回答をご送付するまでに1週間から2週間程度を要する場合があります。

　なお、本書でとりあげていない事項についてのご質問、個別の案件についてのご相談、監修者紹介の可否については回答をさせていただくことができません。あらかじめご了承ください。

はじめに

　近年、建物に関係するニュースが新聞やテレビなどで多々取り上げられています。特に注目を集めるニュースとしては、大規模な火災があります。建物は、人の住居として重要な物で、また、大規模火災となると人命を奪うことにもなりかねません。

　このような事故は、老朽化した建物が原因と考えられています。老朽化した建物は火災以外にも倒壊のおそれなどさまざまな事故を発生させる可能性があります。

　また、建物に関係する問題としては、人口減少や過疎化などの影響により空き家が増加していることも挙げられます。

　これらの問題に対応するため、建築基準法が改正され、2019年6月に施行されています。建築基準法は、建物を建築する際に重要な法律であり、建物を建築する者は、十分に理解している必要があります。建築基準法が改正点は、さまざまな部分に及んでいますが、この部分についてもしっかりと理解しておかなければなりません。

　本書は、2019年6月に全面施行された改正建築基準法に対応させ、建物を建築する際に利用していただけるように解説しました。たとえば、改正建築基準法により追加される準防火地域内の準耐火建築物の建ぺい率など、建物を建築する際に必要となる点について詳細に説明しています。

　また、建物を建築する際に必要となる道路、境界、日照権などの建物を建築するにおいて必要となる基本的な法律問題についても取り上げています。特に重要な点や理解が難しい部分については、相談・回答という形式で、具体的な事例を挙げて解説しています。

　本書をご活用いただき、皆様のお役に立てていただければ監修者として幸いです。

監修者　弁護士　森　公任　弁護士　森元　みのり

Contents

はじめに

第1章　建築・道路・境界・日照をめぐる法律知識

1　建築をめぐってどんな問題があるのか　　12

相談　境界調査を怠った設計事務所への賠償請求　　16

相談　公図と実態が食い違っている場合　　17

相談　登記事項証明書の読み方　　18

相談　昔から境界がはっきりしない土地をどうするか　　20

2　法律上の道路について知っておこう　　21

3　建築基準法上の道路について知っておこう　　24

4　他人の土地に関する通行権について知っておこう　　30

5　境界について知っておこう　　34

相談　隣人が境界を越えて建物を建築しはじめた　　37

相談　越境建築に対処するにはどうしたらよいのか　　38

6　建築工事について知っておこう　　39

相談　建物は境界からどの程度離す必要があるのか　　43

相談　隣が境界ギリギリに建物を建てた場合はどうするか　　44

7　近隣トラブルと相隣関係の法律について知っておこう　　45

相談　隣家の樹木が越境している場合はどうする　　50

相談　隣家の屋根からの雪で損害が発生する場合はどうする　　50

相談　隣地が盛土をして被害がでた場合はどうするか　　52

8 隣地使用権について知っておこう　53

　相談 建築工事をするために隣の土地を使用できるか　55

9 塀について知っておこう　56

　相談 塀の設置に隣家の協力を求めることができるのか　59

10 日照権について知っておこう　60

第2章　建築基準法のしくみ

1 建築物について知っておこう　64

2 建築基準法はどんな建築物に適用されるのか　66

3 建築物の敷地について知っておこう　70

4 建築物の高さと始点になる地盤面について知っておこう　72

5 建築物の階数について知っておこう　74

6 建築物の基礎について知っておこう　76

7 建築確認について知っておこう　78

8 建築確認申請の手続きについて知っておこう　81

　相談 隣地の建築確認申請を阻止したい　88

9 建築確認に不満がある場合にはどうすればよいのか　89

　相談 隣地の違法建築を阻止できるか　90

　相談 私道の所有者から建築確認取消訴訟を提起された　91

10 建築物の安全性をチェックする機関について知っておこう　　92

11 建築物が建てられる面積について知っておこう　　96

12 建築物が建てられる高さについて知っておこう　　102

13 建築設備について知っておこう　　109

14 居室の採光や換気等の規制について知っておこう　　114

15 居室の天井・床・界壁・地階についての規定を知っておこう　　121

16 階段について知っておこう　　125

17 増改築について知っておこう　　128

　　相談 隣地を通行するときの道路の幅はどのくらい認められるのか　　130

第3章 用途地域・防火地域の法律知識

1 建築物を建ててよい土地かどうかを確認する　　132

2 用途地域について知っておこう　　134

3 防火地域・準防火地域について知っておこう　　140

4 耐火建築物と準耐火建築物について知っておこう　　144

5 準防火地域内の木造建築物の防火措置について知っておこう　　149

第4章 道路の通行権をめぐる法律問題

1 袋地について知っておこう　　152

　　相談 約束の償金を支払わない者にも通行権があるのか　　156

2 袋地通行権をめぐる問題について知っておこう 157

相談 隣地の通行権を得て新築の確認をとりたい 160

相談 袋地所有者は隣地に通路を作れるのか 160

相談 現在ある通路を広げてもらえないか 161

相談 土地の一部譲渡によって袋地ができた場合の通行権はどうなる 162

相談 他人の土地を通るのを妨害されたらどうするか 163

相談 違反建築している隣人が袋地通行権を主張してきた 164

相談 土地購入の際、隣地の私道を通行できると聞いていたのに
断られた 165

相談 袋地の隣人に土地の一部を売ったら新たな通行権を主張された 166

3 通行地役権について知っておこう 167

相談 地役権が未登記でも第三者に権利を主張できるのか 170

相談 新しい私道の所有者に通行地役権を主張できるのか 171

4 通行地役権設定のためにどんな契約をすればよいのか 172

書式 通行地役権設定契約書の例 174

5 通行地役権が消滅する場合や時効取得できる場合がある 175

相談 長年使っていた通路を突然「通るな」と言われた 177

相談 長年駐車場にしていた土地を突然「使うな」と言われた 177

相談 遺産分割で得た袋地に通行地役権は認められるのか 178

相談 黙認していた私道の通行を禁止したい 179

相談 無断で通行していた私道が第三者の手に渡った 180

相談 地主から通路の通行を禁止された 181

相談 借地の購入で借地権が消滅した場合の通行権はどうなる 182

第5章　私道をめぐる法律問題

1 建築基準法上私道はどう扱われるのか　184

2 道路位置指定を受けるにはどうしたらよいのか　186

3 位置指定道路の通行の自由について知っておこう　188
　相談 私道を通行する者を制限できるか　189
　相談 私道を自動車で通行することは制限されるか　189
　相談 マンション内の私道で自動車の通行を制限したい　190
　相談 自己所有の私道を不法占拠されたらどうすればよいか　191
　相談 一般の使用を黙認してきた私道を閉鎖したい　192
　相談 記念樹を移動せずに私道を作りたい　193
　相談 私道に杭を打たれ通行を妨害されたときは　194
　相談 私道に駐車されて通行しにくくなった　195
　相談 近隣共同で作った私道のトラブルを防止したい　195
　相談 私道通行者から通行料を徴収することはできるのか　196
　相談 私道にかかる税金　198

4 道路位置指定の効果・変更・廃止について知っておこう　199
　相談 共同で道路位置指定を受けたのにブロック塀を建てられた　201
　相談 道路位置指定のある土地の通行を制限できるか　202
　相談 私道をふさぐ私道共有者に対する対処法とは　203

第6章　境界をめぐる法律問題

1 境界はどうやって決めればよいのか　206

書 式 境界合意書	211
書 式 筆界確認書	213
相談 境界で争いがある物件を仲介する者の義務とは	214
相談 隣地との境界が土地購入時に聞いた話と違う	215
相談 境界合意書をもらうときハンコ代を要求された	215

2 境界標について知っておこう 217
相談 境界標を移動されてしまったらどうすればよいのか 219
相談 境界石を発見したら隣人が時効を主張してきた 220
相談 地震で境界がズレたらどうなるのか 221

3 塀を設置する費用負担などをどのようにすればよいのか 222
相談 境界の土留工事の費用負担はどうなっているのか 225
相談 境界上にある塀の修理費用は誰が負担するのか 226
相談 境界をはさむ土地を時効取得できるか 226
相談 境界の杭が勝手に抜かれて違う場所に柵を作られた 227

4 境界を確定する方法にはどんなものがあるか 229
相談 同じ地主から土地を借りている者同士の境界確定はどうなる 231
相談 共有地の境界の確定は誰を相手にすべきか 232

第7章 日照その他の近隣関係をめぐる法律問題

1 日照や眺望について知っておこう 234

2 日照権を守るさまざまな法律について知っておこう 237
相談 用途地域と日照権 239

3 日照権が不当に侵害されている場合はどうするのか 240

4 建築協定について知っておこう 243
　相談 建設された建物の影響が後でわかった場合 245

5 流水・排水のトラブルにはどう対処するか 246
　相談 隣家の排水管を利用できるか 249

6 上下水道・ガス・電気の整備のための土地利用について知っておこう 250
　相談 トイレの設置場所についての法的規制はないのか 252
　相談 公共下水道が開設された場合の排水はどのようにできるか 253

7 建築工事の騒音の規制について知っておこう 254
　相談 向かいのマンション建築工事の振動がひどい 255

第1章

建築・道路・境界・日照
をめぐる法律知識

建築をめぐってどんな問題があるのか

接道義務を果たす必要がある

● 土地や道路、境界をめぐるトラブルにはいろいろある

「土地を購入して家を建てたい」「今の家を増改築したい」と思った場合には、道路、境界、隣近所とのかかわりなど、たくさんの規制や問題点をクリアしなければなりません。そこで、建物を建築する際には、建物を建てようとしている土地（敷地）の現地調査が不可欠です。

現地調査を充実したものにするためには、事前の準備も必要になります。具体的には、周辺の地図（多くの情報が載っている地図は「ゼンリン住宅地図」です）を入手することです。また、建物を建築する予定の地域がどのような用途地域として指定されているかも調べておかなければなりません。用途地域によって、建物を建築する際の制限の内容が変わってくるためです。

さらに、建物を建築する場合にはインフラを整備する必要もあります。現地調査の段階で、上下水道、ガス、電気が引き込まれているかどうかを確認します。

● 登記所に正確な地図は置かれていない

土地に関する情報は、現地調査を行っただけではわからない事柄もあります。現地調査を補完するものとして、土地の所有関係や位置関係を把握するために参考にするのが公図です。公図は、登記所に備え付けられている地図のことです。公図を使って、必要な土地周辺の所有関係や位置関係を把握します。

ただし、公図の多くは、明治時代に作成されたものがもとになっているので、現在の地形、面積、位置関係を正確に反映しているとは限

りません。そのため、公図の写しを取得しても登記事項証明書のような正式な証明書としては使用することはができませんので注意が必要です。

なお、登記所に保管されている図面には公図の他に地積測量図があります（下図）。地積測量図とは土地の面積を記載した図面です。地積測量図には、面積算定のための計算表（求積表）、方位、境界の種別なども記載されています。不動産登記法において「一筆の土地の地

■ 公図

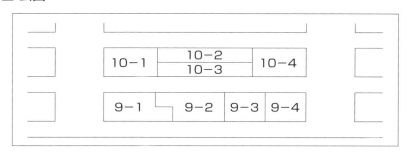

■ 地積測量図

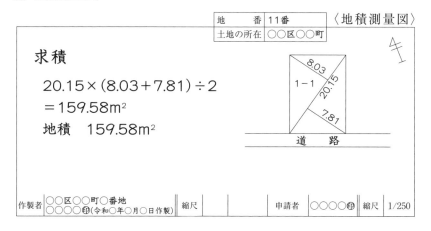

第1章 建築・道路・境界・日照をめぐる法律知識　13

積に関する測量の結果を明らかにする図面」と規定されており、図面に用いる線の太さなども法律に規定されている厳格な図面です。

◉ 境界の問題もあなどれない

　自分の土地に建物を建てる場合や、境界線付近に塀を作る場合には、境界を越えて隣の土地に入って行き、工事をすることが必要です。そのためには、隣人と交渉する必要もあります。自分の所有する土地が他の者の所有地に囲まれている場合には、その土地を通ることを隣人に認めてもらう必要がでてきます。

　そのため、建物を建築するための設計を行う際には、その建物の土地（敷地）の境界を確認する必要もあります。

　境界トラブルを起こさないためにまずしておくべきことは、土地の所有者や建設業者といっしょに境界の位置を確認することです。その際、境界標や杭があれば、それを参考にして境界の位置を確認することができます。ここで気をつけるべきことは、境界標や杭があるからといって、その場所が境界となっていると即断しないことです。たしかに、境界標や杭があればその場所が境界である可能性が高いといえますが、境界標や杭は誰かが勝手に設置したり、設置後に移動させられている可能性があります。そのため、境界標や杭があるとしても、境界の位置を当事者同士で確認する必要があります。

　また、登記などの資料にも目を通しておきましょう。現地だけを見ると一つの敷地になっているとしても、登記簿上は何筆かに分かれていたり、一筆の土地の一部でしかないという可能性があるためです。登記簿と現地の状況が異なっているということを頭に入れておくことで後のトラブルを防ぐことができます。

◉ 道路をめぐる問題点

　建築物を建築する際には、接道義務を果たすような建築計画を立て

る必要があります。建築物の敷地は、建築基準法上の道路（24ページ）に2m以上公道に接している必要があります。これは、建築物と道路との円滑な出入りを行い、建物の防災体制を確保するための規制です。この建築物を建築する際に敷地を2m以上道路とつなげる義務のことを接道義務といいます。接道義務を果たさなければ、敷地に建築物を建築できません。具体的には、建築確認の申請をしたとしても、接道義務を果たしていないために、申請が却下されます。

ただし、接道義務は都市計画区域（80ページ）や準都市計画区域でのみ生じます。そのため、これら以外の区域では接道義務はありませんので、敷地が建築基準法上の道路に2m以上接していなくても、建物を建築することが可能です（条例による接道義務に注意）。

◉ 条例による建築規制をめぐる問題点

各地方自治体の条例による建築規制を確認することも、建物を建築する際に必要となります。

たとえば、がけや擁壁（山の斜面などが崩れ落ちるのを防ぐために設置する壁のこと）の近くにある敷地に建物を建てる場合には、安全性を確保するためのさまざまな規制を受けます。どのような規制を受けるかは、各地方自治体の条例によって異なるので、そのような敷地を購入する前に確認が必要です。通常は、建物の地盤や基礎を強固にしたり、がけや擁壁から一定の距離を置いたりして、建物を建築することが求められます。

また、擁壁が崩れそうな場合には補強が必要です。擁壁の安全性が確認できなければ、擁壁の近くで建物を建築することはできません。

第1章　建築・道路・境界・日照をめぐる法律知識　**15**

相談 境界調査を怠った設計事務所への賠償請求

Case 設計事務所を営む私（X）は、建売住宅販売業者Yさんの依頼を受けて建物の設計をしました。私の設計に基づき、建物が建築され始めたところ、隣接する土地所有者Aらが「この建物は境界をこえて我々の土地所有権を侵害する」と主張してきたようです。これをうけたYさんは、「Xに境界を確定する義務があり、これに反するXの設計は不適切なので、設計料を払わない」と主張してきました。私（X）に境界確定義務があり、Yさんの主張が認められてしまうのですか。

回答 設計者に対する境界の調査確定義務（以下「義務」とします）の有無は、原則としては、設計委託契約の法的性質や契約の解釈により決まるため、一義的な答えは存在しませんが、以下のように、ある程度の類型的判断は可能と考えられます。

① Yさんから境界が確定しているとの報告を受け、提供された証拠資料に基づいて設計したのであれば、Xはあらためて境界を調査確定する必要がないので、設計事務所の義務を認めることはできません。

② Yさんから境界に関する報告を受けておらず、証拠資料も提供されていない場合において、境界を明示する境界標が存在せず、明らかに境界の確定が必要であるときは、境界の確定なしに建物の設計はできないので、契約内容として義務があると考えることもできます。しかし、境界の確定は土地所有者に認められた権能であって、設計者には境界を確定する権能がありません。したがって、特約がない限り、義務の不履行を理由に、Yさんから設計料の支払いを拒否され、損害賠償の請求をうけることは、原則としてないと考えるべきです。

③ 境界が境界標等で一応認識できるときは、境界の管理は土地所有者にあると理解されるため、特約がない限り、Xには義務はないといえます。Xには境界を確定する権能がないからです。

相談 公図と実態が食い違っている場合

Case 自宅の増築を検討する際に、改めて確認してみると、自宅の建物の一部が、隣家のAさん宅の土地に入ってしまっていることがわかりました。公図では、境界を超えていないように見えてしまっているのですが、公図の訂正など、とり得る手段はあるのでしょうか。

回答 公図と実態が食い違っている場合、お互いに相手の土地にはみ出てしまっている部分（はみ出て建物が建っている部分）の土地を、お互いの土地に所属するようにそれぞれ組み入れ、分筆・合筆を行うことで、公図を現況に合わせることができます。

分筆とは、一筆の土地を複数の土地に分割することです。合筆とは、複数の土地を一筆の土地に合体させることです。この場合、分筆・合筆した新たな土地は、現在の建物の状況と一致することになり、公図に新たな境界線ができあがります。ただしこの場合、分筆・合筆を行うことについてのAさんの同意書が必要となります。同意書なしでは申し出は受け付けられませんし、同意しないからといって、同意を求める訴訟が起こせるわけでもありません。

以上の方法ではなく、正面から公図の訂正をすることもできます。地図（公図）が間違っている場合には、所有者やその他の利害関係人が訂正の申立てをすることができます。登記官は公図訂正の申し出を受けて、実地調査などを行います。調査の結果、公図が誤っていた場合、登記官は公図を訂正します。公図に関する調査は、申し出た人が提出する公図の誤りの証拠資料に基づいて行われます。このため、証拠資料を作成するには、結局、公図が作成された明治時代まで遡って境界線の誤りを証明しなければならないことが多く、実際には大変困難なものになるのです。

第1章　建築・道路・境界・日照をめぐる法律知識　**17**

相 談 登記事項証明書の読み方

Case 自宅の建物を増・改築するために、不動産登記簿で地積や土地の面積を確かめました。不動産登記簿の内容が、実態と一致していないということもあるのでしょうか。また、その他に不動産登記簿を見る上で、どのような点に注意すればよいでしょうか。

回 答 登記事項証明書とは、登記簿に記載されている事項の全部または一部を証明する書面です。登記事項証明書を読む際に気をつけておく必要があるのは、登記事項証明書に記載されている内容と不動産の現況は必ずしも一致しないという点です。

　土地の登記事項証明書には面積が記載されていますが、登記上の面積と実際の土地の面積は異なっている可能性があります。これらの事項は登記事項証明書の表題部を見ればわかることですが、登記事項証明書においては、権利部における記載事項が特に重要です。権利部はさらに甲区と乙区に区分され、甲区は所有権に関する事項が記載されています。一方で、乙区は所有権以外の権利に関する事項を記載しており、建物の増・改築の際には、注視しなければなりません。特に増築する場合などには、その土地を全面的に自由に利用できない場合があります。たとえば、自宅が建っている土地に他人の地上権が設定されている場合には、他人の地上権を侵害して、土地の上に建物を増築するわけにはいきませんので、必ず登記事項証明書の記載内容を確認しましょう。反対に、土地の登記簿には抵当権や仮登記担保権の記載があるとしても、実際に抵当権や仮登記担保権が存在しているとは限りません。たとえば、借金を支払い終えたことで、実際には抵当権や仮登記担保権が消えているにもかかわらず、登記からその記載を抹消し忘れているというケースがあります。

■ 登記事項証明書サンプル ‥‥‥‥‥‥‥‥‥‥‥‥‥‥‥‥‥‥‥‥‥

表　題　部 (土地の表示)	調製	余 白		不動産番号	0000000000000

地図番号	余 白		筆界特定	余 白	

所　　在	新宿区○○町一丁目		余 白

①地　番	②地　目	③地　　積　m²	原因及びその日付〔登記の日付〕
1番12	宅　地	100:00	○○ 〔平成○○年○月○日〕

所 有 者	○○区○○町○丁目○番○号　○○○○

権　利　部（甲区）（所有権に関する事項）			
順位番号	登 記 の 目 的	受付年月日・受付番号	権 利 者 そ の 他 の 事 項
1	所有権保存	平成○○年○月○日 第○○○号	所有者　○○区○○町○丁目○番○ ○○○○
2	所有権移転	平成○○年○月○日 第○○○号	原因　平成○○年○月○日売買 所有者　○○区○○町○丁目○番○ ○○○○

権　利　部（乙区）（所有権以外の権利に関する事項）			
順位番号	登 記 の 目 的	受付年月日・受付番号	権 利 者 そ の 他 の 事 項
1	抵当権設定	平成○○年○月○日 第○○○号	原因　平成○○年○月○日 金銭消費貸借同日設定 債権額　金○○○万円 利息　　年○% 損害金　年○% 債務者　○○区○○町○丁目○番○号 　　　　○○○○ 抵当権者　○○区○○町○丁目○番○号 　　　　株式会社○○銀行（○○支店）

共　同　担　保　目　録			
記号及び番号	(あ)第○○○○号		調製	平成○○年○○月○○日
番　　号	担保の目的である権利の表示	順位番号	予　　　　備
1	○○区○○町○丁目　○○番の土地	1	余 白
2	○○区○○町○丁目　○○番地　家屋番号 ○○○番の建物	1	余 白

これは登記記録に記録されている事項の全部を証明した書面である。

令和○○年○○月○○日
関東法務局特別出張版　　　　　　　登記官　　　　　　○　○　○　○

※　下線のあるものは抹消事項であることを示す。　　　整理番号　○○○○__(1／1)　　(1／1)

第1章　建築・道路・境界・日照をめぐる法律知識　19

相談 昔から境界がはっきりしない土地をどうするか

Case 山林を代々所有している我が家と、同じく隣の山林を代々所有しているＡさんとの土地の境界がはっきりしないので、どうにかしてはっきりさせたいと思っているのですが。

回答 相談のケースの場合は、Ａさんとの間で境界を確定し、実態に則して登記簿上の地積も更正する必要があります（土地地積更正登記）。Ａさんとの話し合いで境界を確定できない場合には、Ａさんを被告として境界確定の訴えを起こすことになります。裁判所は、山林の境界線がいずれの地点にあるのかを明確にした上で、判決によって境界を確定します。

境界が不明な場合、これを確定するための資料として、土地の登記簿謄本や公図などが必要になりますが、ともに登記所で閲覧したり、コピーをとることができます。登記簿には、山林の所有権の移転状況などが記載されていますが、登記簿上の面積と実際の面積が異なる場合もあるため注意が必要です。公図とは、土地の地番や土地の区画の形、道路などが描かれたものです。山林の境界の見当をつけるものとして、公図、昔の地図、土地の現状などの資料を手に入れるとよいでしょう。

その他、この土地で古くから不動産業を営んでいる業者などに、山林取引の慣習などを聞いておくことも大切です。山の尾根や沢、目印となりそうな大木や石、当事者の過去の山林の利用状況などが境界の目印となります。当事者が公簿上持っている山林の面積と、実際に行った測量に基づいて描かれた図面について、当事者が主張する面積と食い違っていた場合、これらの実測図も参考資料となります。裁判所は、これらの資料を参考にして境界線を確定しますが、どちらの当事者も主張していない地点を境界として確定することもあります。

2 法律上の道路について知っておこう

道路に対してはさまざまな法律による規制がある

● 法律上の道路とは

　一般に「道路」という言葉はよく耳にするところですが、法律の世界における道路、つまり法律上の道路は、複数の意味を持ちます。広い意味での道路とは、一般的に交通のために提供される土地を指します。提供されるのは土地だけでなく、高架化された高速道路や一般国道などのような施設の場合もあります。そして、この広い意味の道路には、行政（国や地方自治体）が一般公衆の通行に利用させるために設置した公道と、私人（個人）が一般通行に利用する私道の両方を含むとされています。以下の記述で「道路」というときは、特に断り書きがない限り、法律上の道路の意味で使いますので注意してください。

　法律上の道路についても、規定する法律によって、その内容（規制対象とする道路の範囲）や管理者が異なる点に注意が必要です。道路の法律関係の基本となる道路法による道路があります。道路法による道路は、高速自動車国道・一般国道・都道府県道・市町村道に分類されています。その他、個別の法律による道路として、道路運送法による自動車道、森林法による林道、鉱業法による鉱業用道路、都市計画法による街路、土地改良法による農業用道路などがあります。

● 道路法における道路に関する私権行使の規制とは

　道路は、私道にあたるものを除いて、一般公衆の通行に利用される物的施設ですから、高い公共性を持っています。特に道路法における道路は、たとえ所有者であっても、それを構成する敷地、支壁その他の物件について、所有権の移転または抵当権の設定・移転を除いた私

第1章　建築・道路・境界・日照をめぐる法律知識　21

権を行使できない点に注意が必要です。たとえば、自分の所有する土地の一部が道路法における道路に該当する場合には、道路にあたる部分を他人に譲渡することはできますが、自分だけのために利用したり、損壊することはできません。

● 公道とは

公道とは、国や地方自治体が一般公衆の通行に利用させるために管理する道路を指します。公道について明確に定義している法律はありませんが、原則としては、前述した法律上の道路が公道にあたると考えてよいでしょう。公道は、その公共性から特殊な規制が課せられる他、民法などの私法の規定がそのままでは適用されません。

また、長年にわたり公道を占有していても、当然に時効（時の経過によって権利を得たり失ったりすること）によって公道の所有権を取得するわけではありません。まったく時効取得する余地がないわけではなく、最高裁判所は、公道について公の利用を廃止したと認められる場合、取得時効の余地を例外的に認めています。

● 私道とは

私道とは、公道と対立する概念であって、私人が土地に対して持つ権利（主に所有権）にもとづいて開設する道路を指します。私道の開設・使用・管理については、私人間の関係を規定した民法などが適用されます。一般の人々の通行が自由に認められる私道もあれば、関係者以外の通行が禁止されている私道もあります。後者の場合は、私道を対象にした袋地（囲繞地）通行権（30ページ）などの通行権が設定されていることがあります。

私道に関しては、公道のように道路法などの法律の規制を受けないのが基本です。しかし、私道に対して特定行政庁が道路位置指定（建築基準法上の接道義務を満たすための指定のこと）を行うと、その私

道は建築基準法上の道路となって、建築基準法上の規制を受けます。このような道路を位置指定道路といい、建築基準法上の道路として扱う代わりに、特定行政庁による道路の変更や廃止に関する制限を受けることになります。

なお、建築基準法における「特定行政庁」とは、建築主事（建築確認などを担当する職員のこと）を置く市区町村の区域では市町村長となるのに対し、建築主事を置かない市区町村の区域では都道府県知事となるのが原則です。

● 建築基準法上の道路の取扱い

建築基準法では、幅員4m以上の道路だけを「道路」であると認めています。「4m」は車がすれ違うのに最低限必要とされる幅だといえます。したがって、前述した法律上の道路であっても、幅員4m未満の場合には、建築基準法上の道路としては認められません。ただし、2項道路と呼ばれる道路のように、幅員4m未満であっても建築基準法上の道路として認められる場合もあります（25ページ）。建築基準法上の道路については、次の項目で詳しく見ていきます。

■ 道路に関する主な法律

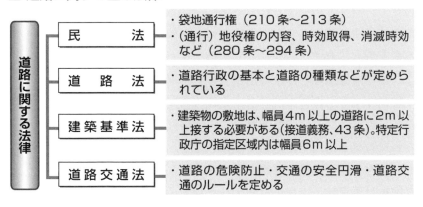

3 建築基準法上の道路について知っておこう

建築物の敷地が建築基準法上の道路に接している必要がある

● 建築基準法上の道路にもいろいろある

　建築基準法上の道路は、以下の①～⑥のどれかにあたる道路のことを指します。①～⑤の道路は、どれも幅員４m以上を要する場合であるのに対し、⑥の道路は、幅員４m未満であっても建築基準法上の道路となる場合です。敷地に接する道路が建築基準法上の道路に該当しなければ、自宅やマンションなどを建築できません。敷地に接する道路が建築基準法上の道路であるかどうかは非常に重要です。

①　道路法による道路（建築基準法42条１項一号）

　建築基準法上の道路の原則となるのが、幅員４m以上の道路法による道路です。具体的には、幅員４m以上の一般国道・都道府県道・市町村道が該当します。４m以上の幅員がなければ、道路法による道路であっても、建築基準法上の道路としては認めてもらえません。４mの数値は、車がすれ違うために最低限必要で、緊急時に消防車や救急車が通行可能とするための幅員だといえます。道路の幅員を確保することで、居住者の安全を守ろうとしているのです。その他、採光や通風を確保する観点からも、道路の幅員を確保することは必要なことであると考えられます。

②　都市計画法などによる道路（建築基準法42条１項二号）

　幅員４m以上の都市計画法、土地区画整理法、都市再開発法、新都市基盤整備法などによる道路です。開発許可や許認可などを受けて造られた幅員４m以上の道路が該当します。

③　既存道路（建築基準法42条１項三号）

　都市計画区域・準都市計画区域の指定・変更や、地方自治体による

条例の制定・改正により、建築基準法の規定が適用されるに至った時点で、現に存在する幅員4ｍ以上の道を指します。昔からある農道などが該当します。都市計画区域の指定などの時期については、地域により異なるので注意が必要です。

④　**事業執行予定道路（建築基準法42条1項四号）**

　道路法・都市計画法・土地区画整理法・都市再開発法などによる事業計画のある幅員4ｍ以上の道路で、2年以内に事業執行予定のものとして特定行政庁が指定したものを指します。

⑤　**位置指定道路（建築基準法42条1項五号）**

　土地を建築物の敷地として利用するため、道路法・都市計画法・土地区画整理法・都市再開発法などによらないで造る幅員4ｍ以上の道であって、特定行政庁による位置の指定を受けたものを指します。位置指定道路は、敷地の所有者などが設ける私道であるのが原則で、その敷地に建築物を建てるために設けられます。

　位置指定道路となるためには、原則として、両端が他の道路に接していること（通り抜け道路）が必要です。ただし、袋路状道路（行き止まり道路）の場合は、幅員が6ｍ以上であること、または幅員が6ｍ未満である場合には長さが35ｍ以下であること（車が転回する広場を設けた場合を除く）、といった条件を満たすことが必要です。

　その他、同一平面で交差・接続する場所は、角地に隅切りを設けることが必要です。隅切り部分は、道路法における道路でなければ、敷地面積に算入しますが、建築物を建てることはできません。

⑥　**2項道路（建築基準法42条2項）**

　都市計画区域・準都市計画区域の指定・変更などによって、建築基準法の規定が適用されるに至った時点で、すてに建築物が立ち並んでいる幅員1.8ｍ以上4ｍ未満の道で、特定行政庁が指定したものを指します。2項道路にあたる場合には、道路の中心線から左右2ｍずつセットバック（後退）した線が道路境界線とみなされます。

第1章　建築・道路・境界・日照をめぐる法律知識　　25

そして、セットバックした部分（後退部分）には、新たに建築物を築造することができなくなります。たとえば、建物に接する道が2項道路に指定されたとします。この場合、すでに建物や塀などが後退部分に建っていれば、それを取り壊す必要はありません。しかし、建物や塀などが地震や火災などで滅失した後は、後退部分に再築できなくなってしまいます。さらに、容積率や建ぺい率を計算する上で、後退部分は敷地面積に算入されません。

　このように、2項道路の指定は、建築物が建っている敷地の利用を大きく制約し、最終的には道路として利用されるため、住宅などの購入を検討するときには、その敷地に面している道路が2項道路かどうかについて、事前に地方自治体の窓口で調査することが必要不可欠です。一方、購入後に住宅などに面する道が2項道路に指定される場合もあります。この指定に不服があれば、行政不服審査の手続きをすることや、裁判所に訴えを提起して争うことが考えられます。

● 接道義務とは

　私たちは日々道路を利用して生活を営んでいますが、道路の周りに目を配ると、ほとんどの住宅やマンションの敷地が道路に面している

■ 2項道路とセットバック

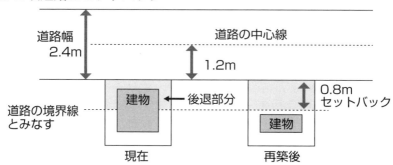

ことがわかります。これは接道義務を課しているためです。接道義務とは、建築物の敷地が建築基準法上の道路に2m以上接していなければならないとするルールのことです（建築基準法43条1項）。住宅やマンションなどを建築するときは、その敷地が接道義務に違反しないことを事前に確認しなければなりません。

　ただし、建築物の敷地が接道義務を満たしていなくても、特定行政庁が交通上・安全上・防火上・衛生上支障がないと認めて許可することで、接道義務の適用が除外される場合があります（建築基準法43条2項）。また、接道義務は都市計画区域・準都市計画区域内にある敷地に課されるのが原則ですが、これらの区域に該当しなくても、地方自治体の条例で接道義務が課せられている場合があります。これら特定行政庁による許可の詳細な基準や接道義務の有無についても、地方自治体の窓口で確認しておくことが大切です。

● 道路内の建築制限とは

　建築物やその敷地を造成するための擁壁（崖となる土壌の側面が崩壊するのを防ぐために設置する壁状の建築物のこと）は、道路内に建築したり、道路に突き出して建築することができません。ただし、以下のいずれかに該当する建築物については、道路内に、または道路に突き出して建築することが可能です。

・地盤面下に設ける建築物
・公衆便所、巡査派出所など公益上必要な建築物で特定行政庁が通行上支障がないとして建築審査会の同意を得て許可したもの
・公共用歩廊（渡り廊下など）その他政令で定める建築物で、特定行政庁が安全上、防火上、衛生上他の建築物の利便を妨げず、周囲の環境を害するおそれがないと認めて、あらかじめ建築審査会の同意を得て許可したもの

第1章　建築・道路・境界・日照をめぐる法律知識

◉ 壁面線による建築制限とは

　建築物の壁やこれに代わる柱、高さ２mを超える門や塀は、壁面線を超えて建築してはいけません。壁面線とは、道路境界線と建築物との間に一定の空間を確保するため、特定行政庁が指定した線のことです。ただし、地盤面下の部分や特定行政庁が建築審査会の同意を得て許可した歩廊の柱などは、例外的に建築が可能です。

◉ 路地状敷地についての規制

　路地状敷地とは、建築物の敷地のうち、間口の狭い部分（路地状部分）だけが道路に接しているものを指します。路地状敷地に建物を建築する場合の路地状部分の幅や長さは、各地方公共団体の条例で基準が定められています。次ページ下図で示した路地状部分の長さ・幅員の基準は、東京都の条例（東京都建築安全条例）によるものです。

　具体的には、耐火建築物・準耐火建築物以外で延べ面積が200㎡を超える建築物の場合には、路地状部分の長さ20m以下であれば幅員３m以上、20m超であれば幅員４m以上が要求されます。一方、それ以外の建築物の場合には、路地状部分の長さが20m以下であれば幅員２m以上、20m超であれば幅員３m以上が要求されます。

　なお、2019年４月施行の東京都建築安全条例の改正で、長屋（独立した複数の住戸が壁を共有して連なっているもの）に関する規制が強化されています。具体的には、路地状敷地に長屋を建築する場合には、一定の大規模な長屋であるときに、路地状部分の長さに関係なく幅員３m以上を要求しています（路地状部分の長さによって幅員４m以上が要求される場合もあります）。東京都建築安全条例では、路地状敷地には特殊建築物の建築を原則的に認めない扱いとしています。長屋は特殊建築物に該当しませんが、特殊建築物のひとつである共同住宅に似ていることから、規制が強化されました。

■ 壁面線の指定による建築制限

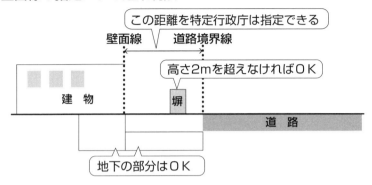

■ 路地状部分の形態（東京都建築安全条例の場合）
●耐火建築物・準耐火建築物以外で延べ面積が200㎡を超える建物の場合

●上記以外の建物の場合

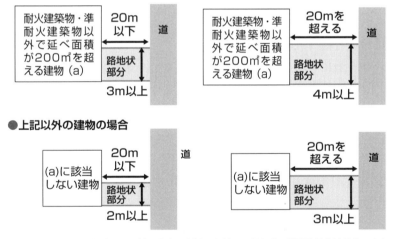

※路地状部分がある場合には、共同住宅・学校・店舗・工場などの特殊建築物は建築できない。

4 他人の土地に関する通行権について知っておこう

さまざまな権利に基づく通行権がある

● 通行権にはどんなものがあるのか

　私道とは、一般の人が所有する土地に存在する道路です。したがって、本来その所有者の承諾がなければ私道を使うことはできません。私道をどのように使うかは、所有者の自由だからです。私道を通行したい場合は、原則としては、所有者と交渉して、通行の承諾を得ることが必要です。それが通行権です。所有者の承諾を得ることなく私道を通行している場合もありますが、それは勝手に通行しているだけであるか、袋地通行権（囲繞地（いにょうち）通行権）が認められている場合であると考えられます。通行権には、以下のようなものがあります。

① **袋地通行権（囲繞地通行権）**

　他人の土地に囲まれた公路に通じていない土地を袋地といい、袋地を囲んでいる他人の土地を囲繞地といいます。袋地の所有者は、囲繞地を通らなければ公路に出ることができず、自らの土地を十分に利用することができません。そこで民法は、袋地であっても不動産としての利用価値を維持させるため、袋地の所有者に対して、囲繞地を通行して公路へ出る権利を認めました。これが袋地通行権（囲繞地通行権）です。袋地通行権は、囲繞地所有者の承諾があるかどうかに関係なく、法律上当然に発生します。

　囲繞地の通行は、囲繞地所有者にとって最も損害が少ない場所・方法を選ばなければなりません。さらに、通行に使用する土地の面積に応じて、袋地所有者は、囲繞地所有者に対して通行使用料を支払わなければなりません。ただし、A土地が分割譲渡によってB土地とC土地に分かれた結果、B土地が袋地となった場合、B土地の所有者は、

Ｃ土地の所有者にのみ袋地通行権を行使できますが、Ｃ土地の所有者に対して通行使用料を支払う必要はありません。

また、公図（登記所に備えられている土地の大まかな位置や形状を表すもの）では公路に出られると示されている土地であっても、実際には公路に出られない状態であれば、そのような土地は袋地に該当するので、袋地通行権が認められます。

その他、細い通路はあるが、土地の合理的な利用に支障があると認められる場合や、公路に接している土地であるが、公路に接している部分が崖になっている場合についても、それらの土地は袋地に該当するので、袋地通行権が認められます。

② 通行地役権

通行地役権とは、他人の土地を通行するために設定される通行権のことをいいます。袋地通行権が法律上当然に発生する通行権であるのに対し、通行地役権は当事者間の合意によって発生します。具体的には、通行地役権を設定するには、要役地（他人の土地から便益を受ける土地）の所有者と、承役地（要益地に便益を与える土地）の所有者との間で、地役権設定契約の締結が必要になります（取得時効の完成によって通行地役権を取得できる場合もある）。

通行地役権設定契約において、通行地役権の対価を設定することができますが、対価を設定せずに無償で通行地役権を認めることも可能です。通行地役権を設定したら、これを登記すべきです。通行地役権を設定したとする登記がなければ、要役地の所有者は、承役地の所有権を譲り受けた人などの第三者に対して、自分の通行地役権を主張することができないからです。この点は、取得時効の完成によって通行地役権を取得した場合も同様です。

③ 賃貸借・使用貸借などの契約による通行権

私道を通行するということは、とりもなおさず、他人の土地を利用するということです。そこで、私道の通行を認めてもらう方法として、

第1章　建築・道路・境界・日照をめぐる法律知識　**31**

私道の所有者と賃貸借契約または使用貸借契約を締結することも考えられます。通行の対価を支払う場合が賃貸借で、対価を支払わない場合が使用貸借となります。

④ 慣習上の通行権

　袋地通行権が認められるためには、損害の最も少ない場所・方法にしなければならないとか、損害分の通行利用料を支払わなければならないなどの要件があります。それらの要件を満たさない場合、他人の土地について袋地通行権は認められないことになります。

　しかし、それらの要件を満たさなくても、事実上、他人の土地を継続的に通行している場合には、通行地役権の設定や賃貸借・使用貸借の契約がなくても、他人の土地について慣習上の通行権が認められるべきとする考えがあります。最高裁判所は、このような慣習上の通行権を認めていません。なお、慣習上の通行権が認められないとしても、後述する「通行の自由権」「権利の濫用の法理による事実上の通行権」を根拠に、他人の土地について通行権が認められる場合があります。

⑤ 通行の自由権

　通行の自由権とは、建築基準法の適用を受ける私道（位置指定道路）について認められる通行権のことです。法律の規定ではなく、最

■ 袋地所有者に認められる袋地通行権

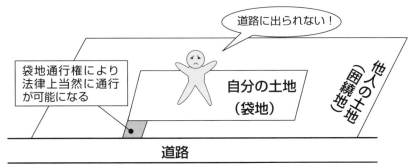

高裁判所の判例が認めた権利です。建築基準法により道路位置の指定を受けると、私道の所有者は、その私道を道路として維持する義務を負います。その結果、一般の人もその私道を通行できる状態になるため、その私道について通行の自由権が認められる余地が生じます。

通行の自由権の要件については、判例によると、通行者にとって私道の通行が日常生活上不可欠であることや、私道の通行がその所有者に著しい損害を生じさせないことが重要な要素になります。

⑥ 権利濫用の法理による事実上の通行権

以上のような通行権が認められない場合は、私道を通行することができないのでしょうか。原則として、何らかの権利がなければ、他人の土地である私道を勝手に通行することはできません。

しかし、私道の所有者に損害を与えるわけでもなく、合理的な理由もないのにその私道の所有者が通行を拒否するのは、権利の濫用であるということができます。この場合は、所有者が私道の通行を拒否できなくなり、結果として、私道を通行する権利が認められます。

■ 通行権の種類

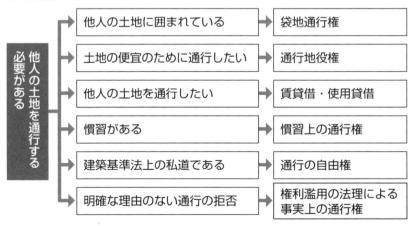

第1章　建築・道路・境界・日照をめぐる法律知識

5 境界について知っておこう

境界には2つの意味があり、意味によって決め方が異なる

● 境界の争い

　境界には、2つの意味があります。ひとつは、一筆の土地と一筆の土地の境目という意味です。つまり、地番の境目のことです。たとえば、「○○町1丁目1番の土地」と「○○町1丁目2番の土地」との境目はどこかということです。この境界のことを公法上の境界といいます。公法上の境界は、国が決めるべき事柄であって、境界が問題となっている土地の所有者間で決定できる性質のものではありません。したがって、隣接する土地の所有者間で取り決めをしても、それによって、境界線が決められるわけではありません。

　もうひとつは、私法上の境界と呼ばれるものです。これは、土地の所有権の範囲を問題とするものです。隣接地の所有権との境目を意味します。私法上の境界は、隣接する土地の所有者間の取り決めによって決めることができます。

　通常は、「公法上の境界」と「私法上の境界」は一致しています。

　しかし、他人の土地の一部について、時効により所有権を取得した場合のように、公法上の境界と私法上の境界が一致していないこともあります。境界の紛争というと、土地の所有権の範囲を争う「私法上の境界」を問題にしている場合が多いようです。ただし、境界を確定する場合の境界は「公法上の境界」であると考えてください。

　なお、公法上の境界の位置がはっきりした際にはそれをお互いに確認する意味で筆界確認書（213ページ）を作成しておくのがよいでしょう。

　また、土地の売買の際には、公法上の境界とは別に、お互いの土地

34

の所有権の範囲などを明らかにするため、隣地所有者との間で境界の位置について合意をしておくのもひとつの方法です。合意の際には、当事者間で境界合意書（211ページ）を作成し、署名押印して保管しておきます。

◉ 境界を変更することはできるのか

　まず、私法上の境界を変更することは、当事者の合意があれば可能です。私法上の境界は、土地の所有権の範囲により決められます。所有権は当事者の合意があれば自由に移動させることができますので、隣地の所有者との合意があれば私法上の境界を自由に移動させることができます。これに対し、公法上の境界は、土地の所有権者だけで変更することはできません。公法上の境界を変更するためには、登記を分筆・合筆するという方法があります。

　なお、筆界特定制度（207ページ）により、公法上の境界を明らかにすることはできますが、この制度は既存の公法上の境界の位置を特定するに過ぎず、私法上の境界の位置を変更するわけではありません。また、境界確定訴訟を提起した場合でも、公法上の境界の位置が裁判所によって判断されますが、裁判所は当事者の主張に拘束されず、合理的な公法上の境界を決めます。

■ 境界標の設置や変更 ………………………………………………

境界標を設置するには？ →	自然の地形を利用する場合もあるが通常は石材を埋設する　費用は隣接所有者で平等に負担
境界標は誰のもの？ →	費用を支出した者が所有する
境界標をとり換えたいときは？ →	隣接地の所有者と協議する　ただ単独で交換することも可能

第1章　建築・道路・境界・日照をめぐる法律知識　　35

● 界標設置権について

　土地の所有者は、隣地の所有者と協力して、境界標を設置すること
ができます。これを界標設置権といいます。この場合、境界標を設置
するための費用は隣地の所有者と折半して負担するのが原則です。境
界標を設置した場合には、境界標の維持費が必要になりますが、この
維持費も隣地の所有者と折半して負担するのが原則です。

　なお、境界標を設置した場合でも、境界確定訴訟になった際には、
必ずしも境界標がある場所が境界（公法上の境界）であると裁判所が
認定するとは限りません。もちろん境界標は、境界の位置を判断する
上で非常に有力な証拠になりますが、裁判所の判断によって境界標の
位置以外の場所が境界として認定されることもあります。

● 境界に関する刑罰にはどのようなものがあるのか

　境界に関する犯罪行為としては、刑法という法律が規定する境界損
壊罪と不動産侵奪罪があります。

　境界損壊罪とは、文字通り境界を損壊することで成立する罪のこと
をいいます。境界標を損壊した場合はもちろん、境界として利用され
ている柱・杭・石垣・立木といった物を損壊した場合も、境界損壊罪
が成立します。境界損壊罪を犯した者に対しては5年以下の懲役か50
万円以下の罰金が科されます（刑法262条の2）。

　不動産侵奪罪とは、他人の不動産を侵奪した場合に成立する罪のこ
とをいいます。不動産侵奪罪は、不動産の所有者などによる管理（占
有）を強引に排除して、その不動産の管理（占有）を開始することで
成立します。たとえば、他人の土地に勝手に家を建てたり、隣地との
境界を越えて勝手に建物を建築した場合に、不動産侵奪罪が成立しま
す。不動産侵奪罪を犯した者に対しては10年以下の懲役刑が科されま
す（刑法235条の2）。

相談 隣人が境界を越えて建物を建築しはじめた

Case 私の家の隣は空き地でしたが、最近建築工事が始まりました。ところが、その建物が境界を越えています。工事を中止させたいのですができるでしょうか。また、万が一建物がこのまま完成してしまった場合には、どうすればよいのでしょうか。

回答 あなたの土地に建物を建てる権利を持っていない限り、隣人は勝手にあなたの土地を使うことはできません。ここでは、あなたの土地に建物を建てることについて、あなたが契約などにより承諾を与えていなかったことを前提に話を進めます。

万が一、建物が建ってしまい所有権が侵害されているときは、隣人に対し、その侵害を排除するよう請求することができます。具体的には、建物の撤去を請求することができるのが原則です。

ただし、建物が建ってしまった後は、越境の程度がわずかであれば、建物の撤去が権利の濫用とされてしまい、撤去請求が認められないことがありえます。ですから、建物完成前に阻止する方が望ましいといえます。しかし、建築中に撤去を申し入れても、隣人が聞き入れてくれなければ、建物が完成してしまう可能性があります。

そこで、具体的な法的手続きとしては、まず、裁判所に仮処分の申立てをして、隣人に対して、自分の土地に越境するような建物の建築をやめるよう仮処分命令を出してもらうことになります（建物建築禁止仮処分命令と呼ばれている）。ただし、仮処分命令は暫定的な措置ですから、仮処分命令を得たかどうかにかかわらず、その後に隣人を被告として、建物の撤去を求める訴訟を提起することが必要です。

第1章 建築・道路・境界・日照をめぐる法律知識　**37**

相 談　越境建築に対処するにはどうしたらよいのか

Case　隣家が子どもの結婚を契機に増築工事をしていますが、私の所有地内に基礎が打たれています。撤去するよう抗議しましたが、隣家は所有地内であると反論し、増築工事をやめる気配がありません。このまま工事が継続されるのを見ているしかないのでしょうか。

回 答　境界が明確であって、越境がわかっているのに増築工事を続けているのであれば、不動産侵奪罪という犯罪にあたる場合があります。しかし、隣家から反論をうけているのを見ると、境界が不明確ではないかと推測されます。

　いずれにしても、増築工事が完成すると、後述のように解決は困難になりますから、工事を中断させるために、建物建築禁止仮処分命令の申立てをすることが考えられます。これによって、裁判所による聴取などを経て、工事中断を促したり、和解になることもあります。和解にならなくても、相談者の申立てに理由があれば、建物建築禁止仮処分命令が出ます。この後、基礎部分の撤去（収去）を請求する訴訟や境界確定訴訟を提起します。増築工事を止めることが大切なのは、工事が進むほど撤去が困難になるからです。

　土地の所有権に基づく増築部分の撤去請求は可能ですが、建築開始から1年以上経過するか、建築が完了した後は、中止・変更（撤去も含む）の請求ができなくなり、損害賠償請求のみが可能になります。また、隣人が越境を知っていたか否か、越境の態様や程度、取壊しの経済的負担と越境による損害の大きさなどによっては、建物取壊しの請求が権利の濫用とされ、取壊しが認められないこともあります。さらに、増築後の建物に対して法的手段をせずに放置すれば、取得時効により越境部分の土地所有権を失うこともあります。隣人との話し合いとあわせて、早期に増築工事を止める法的手段を講じてください。

6 建築工事について知っておこう

隣地の境界線との間に一定の距離を置かなければならない

◉ 建物は境界線からどのくらい離さなければならないか

　境界線に接近しすぎるところに建物を建てると、隣地の日照や通風に支障が生じる他、建物に居住する人のプライバシーを侵害することにもつながります。さらに、木造建築の多いわが国では、建物が近接しすぎると、ある建物に火災が発生したときに、他の建物へ延焼する危険性が高くなります。そこで、民法では、「建物を築造するには、境界線から50cm以上の距離を保たなければならない」と規定しています。この規定による境界線との間隔は、隣地の所有者との間で合意すれば、広くしたり狭くすることができます。民法の規定と異なる慣習があるときは、その慣習に従うことになります。

　これに対し、建築基準法の規定によって、民法の規定よりも境界線との距離を広く保たなければならない場合があります。具体的には、住環境の保護が優先される都市計画区域（第一種低層住居専用地域、第二種低層住居専用地域、田園住居地域）において、建築物の外壁と道路や隣地の境界線との距離を1mまたは1.5m以上に保たなければならないとする規制です。これを壁面後退（外壁後退）といいます。

　一方、建築基準法65条には、「防火地域または準防火地域内にある建築物で、外壁が耐火構造のものについては、その外壁を隣地境界線に接して設けることができる」という規定も存在します。防火地域と準防火地域は、ともに火災の被害を最小限に抑えるために、建築物の構造を規制する地域のことです。防火地域は、主に商業施設が建ち並ぶ地域などが指定され、準防火地域は、主に防火地域の周辺にある住宅密集地域などが指定されています。これらの地域は、建築物を密接

第1章　建築・道路・境界・日照をめぐる法律知識　　**39**

して建てる必要性があるので、外壁を耐火構造にするのを条件に、隣地境界線との距離を保たなくてもよいとする例外です。

この建築基準法65条は、民法の規定と矛盾するので、どちらの規制に従うべきかが問題となりますが、最高裁判所の判例は、原則として建築基準法65条が民法よりも優先するとしています。つまり、防火地域・準防火地域内の場合には、隣地の所有者の承諾がなくても、その境界線に接して建築物を建てることができ、隣地の所有者は、これを阻止できないことを意味します。

● 境界線ギリギリに建物が建てられそうになったら

建物を建てるにあたって境界線との距離が規制されていても、その規制に違反する行為を阻止する手段がなければ、距離の規制は絵に描いた餅となってしまいます。

そこで、民法では、民法の規制に反して建物を建てようとする者がいる場合、隣地の所有者は、その建築を中止させ、または変更させることができるとしています。さらに、中止・変更の請求を無視して建物の建築が進むようであれば、建築工事の中止・変更を求めて、裁判所に対して申立てをすることができます。

ただし、建物の建築に着手してから1年以上たったとき、または建物の建築が完成してしまった後は、中止・変更の請求ができず、損害賠償の請求しかできなくなります。そこで、隣地の所有者による建物の建築の中止・変更を確実にしたいときは、裁判所に対して建築工事禁止の仮処分の申請をするとよいでしょう。

なお、以上の手段は、民法の規制が適用される場合を前提としたものです。前述した建築基準法65条の規定は民法に優先して適用されるため、この規定の要件を満たすときには、原則として建築工事の仮処分の申請をしても裁判所が認めてくれません。民法に優先する別の法律が存在する場合もあるので、注意してください。

● 建築工事のために隣地を使用できる

　隣地との境界線近くに建物を建築する場合、たとえば、足場を組み立てるために隣地への立入りが必要となることがあります。このような場合があることを考慮して、民法では、建物の建築や修繕をするために必要な範囲内で、隣地所有者が隣地への立入りを請求できると規定しています。この権利を隣地使用権といいます（46ページ）。

　しかし、隣地使用権は、隣地所有者に対して、自らの立入りを認めるよう請求できるだけであって、隣地所有者の承諾なく勝手に隣地に立ち入ることができるわけではありません。隣地所有者の承諾が得られない場合には、裁判所に隣地所有者の承諾に代わる判決を求める訴訟を提起すべきであると考えられています。そして、隣地への立入りにより、隣地の所有者に損害を与えた場合、立入りをした者は、その損害を賠償しなければなりません。

　これに対し、隣地にある「住家」（人の使用に供されている建物の部分のこと）への立入りは、隣地所有者の承諾がなければ、隣地所有者の承諾に代わる判決を得ても認められません。たとえば、隣地に建つビルの居室や事務所・店舗の使用部分への立入りはできません。

■ 建物を建築する場合に生じる問題

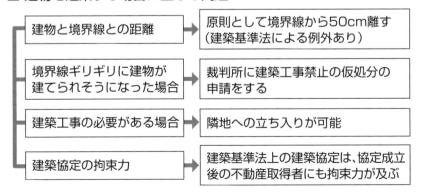

もっとも、建物の屋根やそれに続く外階段などは、原則として「住家」に該当しないので、隣地使用権に基づいて立入りを請求できると考えられています。たとえば、ビルの外壁補修工事のために隣接するビルの屋上に立ち入る行為は、隣地使用権に基づいて請求ができ、隣地所有者が承諾しなければ、訴訟を提起することができます。

◉ 目隠しを作る場合とは

前述した境界線との距離の規制ギリギリに建物を建てると、隣家が丸見えになることがあります。そこで、民法では、プライバシーを保護するために、境界線から1m未満のところに窓、縁側、ベランダを作る場合は、目隠しをつけなければならないと規定しています。

もっとも、市街地などの建物密集地域で目隠しを不要とする慣習がある場合は、その慣習に従い、目隠しをつける必要はありません。最近では、高層ビルから隣地を見下ろすことが問題となっていますが、高い階数の部屋には目隠しをつける必要がないと考えられます。

◉ 建築協定による制限がある場合

建築協定とは、一定区域内の住民が、住宅地としての環境や商店街としての利便などを高度に維持増進することを目的として、建築物の構造や用途などについて一定の制限を定めることをいいます。

建築協定には、私的なものと建築基準法に基づくものとがあります。私的な建築協定は、その合意をした者だけを拘束し、協定成立後に不動産を購入した者を拘束しません。これに対し、建築基準法に基づく建築協定は、特定行政庁の認可を得て公告されると、その合意をした者だけでなく、協定成立後に不動産を購入した者も拘束します。

したがって、不動産の購入者が、建築基準法に基づく建築協定に反する建築をしようとする場合には、工事の停止や是正措置の請求を受ける他、裁判所による工事禁止の仮処分を受けることもあります。

相談 建物は境界からどの程度離す必要があるのか

Case 普段から付き合いにくい隣のＡさんが、どうも家の建て替えをするようです。ふとしたことからＡさん宅の建築計画を知ることができたのですが、それによると、Ａさんの建て替え後の家は、我が家との境界から15㎝ほどしか離れていないようです。何とかもう少し離して建ててもらうようにしたいのですがどうすればよいでしょうか。

回答 建物をどの程度離して建てるべきかについては、その地方の慣習に従うものとされています。また、慣習がない場合、民法の規定により、境界から50㎝以上離さなければならないのが原則です。採光や通風、延焼の防止を図る必要があるからです。50㎝というのは、建物の外壁（出窓があれば出窓）から境界までの最短距離のことであって、屋根やひさしから測定するわけではありません。

次に、建築基準法によると、防火地域や準防火地域では、外壁を耐火構造にしている場合、外壁を境界からまったく離さずに接して建ててもよいことになっています。50㎝離すべきとする民法と、離さなくてもよいとする建築基準法の規定の両方があてはまる地域においては、どちらの規定を優先するかについて、最高裁判所は、建築基準法の規定が優先すると判断しています。あなたの住んでいる地域が、防火地域・準防火地域内である場合、Ａさん宅の外壁が耐火構造であれば、境界に接して建てられることになりますから、あなたは離して建ててもらうように請求することはできないことになります。

また、隣家の屋根や配管類が境界線を越えているかどうかを確認する必要があります。もし越えている場合には、建築の支障にならないよう早急に撤去が必要です。しかし、いきなり撤去すると隣家とのトラブルが生じる可能性が高いので、まずは隣家に対して屋根や配管類の撤去を要求します。

第1章　建築・道路・境界・日照をめぐる法律知識　**43**

相談 隣が境界ギリギリに建物を建てた場合はどうするか

Case 私は、憧れの別荘を建てるための土地を購入しました。ところがなかなか別荘を建てられないまま1年が経ち、やっと現地を見に行ったところ、私の土地の境界ギリギリの場所に、隣の土地を所有するAさんが別荘を建てていました。私が知らない間に建物を建てられてしまったのですが、建物を取り壊してもらうなどの対応はとれないものでしょうか。

回答 ここではあなたの別荘用の土地が防火地域・準防火地域内ではないことを前提に解説します。土地が防火地域・準防火地域内でない場合には、その土地上に「建物を築造するには、境界線から50cm以上の距離を保たなければならない」という民法の規定が適用されます。したがって、Aさんが建てた別荘は、この規定に違反している状態であると考えられます。さらに、場合によっては壁面後退（39ページ）の規制に違反することも考えられます。

　しかし、同じく民法では、建築の着手から1年を経過し、または建築の完成（竣工）後は、損害賠償請求しかできないことも規定しています。Aさんの建物は、すでに完成しているので、あなたの場合、Aさんに対して損害賠償請求はできますが、たとえAさんが建物を建てている事実を知らなかったとしても、Aさんに対して建物の取壊しを請求することはできません。

　なお、自分の所有する土地上に、自分で建物を建てる場合、原則として、隣地の所有者の承諾を得る必要はありません。ただ、地方自治体によっては、条例で「建築の際には告示したり説明会を開催しなければならない」という定めを置いている場合もあります。

7 近隣トラブルと相隣関係の法律について知っておこう

トラブルの種類によって関係する法律もさまざまである

◉ 隣り近所の法律問題はあなどれない

社会生活上、人間関係にトラブルはつきものです。どうしてもかかわりたくない場合には、関係を絶ってしまうのも1つの方法です。

しかし、隣近所との人間関係については、トラブルが生じたからといって、簡単に引っ越してしまうわけにもいきません。土地に関係した境界や通行をめぐる紛争に至っては、世代を超えて引き継がれていくことさえあります。

そして、被害者が我慢している期間が長ければ長いほど、冷静な話し合いが難しくなるといえるでしょう。特に被害が長期化すると、当初は大した被害でなかったとしても、かなりの損害を発生させることになります。

◉ トラブル調整をするのが民法

道路・境界の問題では、土地や建物についての隣近所との関係が問題になります。隣合わせになっている土地・建物のお互いの関係を相隣関係といいます。

境界線付近における建物の築造、塀の設置などの相隣問題については、民法という法律の209条から238条までに定めがあります。相隣関係に関する民法の規定は、土地や建物が接している同士が、お互いに自分の権利を主張し合うことによって、トラブルになることを避けるために、一定の制限をしています。

相隣関係には、隣地の使用についてのもの、隣地の通行についてのもの、水についてのもの、境界についてのもの、竹木の除去について

第1章　建築・道路・境界・日照をめぐる法律知識　45

のもの、境界線付近の工作物設置についてのものがあります。すでに説明した内容もありますが、順を追って見ていきましょう。

① 隣地使用権

　隣地所有者が、自分の土地に建物を建てる場合や、境界線付近に塀やベランダを作る場合には、境界を越えて隣地に立ち入って工事をすることが許されます。これを隣地使用権といいます。

② 袋地通行権（囲繞地通行権）

　自分の所有地（袋地）が他人の所有地（囲繞地）に囲まれている場合のように、公道に出る道のない袋地の所有者が、囲繞地の所有者に対して、その土地を通ることを認めさせる権利のことです。

③ 水の流れに関する利害調整

　土地に流れる水の流れについて、水が特定の土地に溜まるのを防止するなどの観点から、隣地所有者との利害調整を図る規定が置かれています。たとえば、土地の所有者は、直接に雨水を隣地に注ぐ構造になっている屋根などの工作物を設置することが禁止されます。また、土地の所有者は、隣地から水が自然に流れて来るのを妨げることができません。その他、高地の所有者は、浸水を乾かしたり、余水（余分な水）を排出したりするため、公共水流（河川など）または下水道に至るまで、低地に水を通過させることができます。

④ 境界標の共同設置（界標設置権）

　隣地所有者との境界に境界標（境界を標示する境界石など）を設置する場合における、境界標の規格や費用負担についての規定です。

⑤ 境界線上の囲障の設置（囲障設置権）

　④と似ていますが、隣地との境界線上に囲障（塀・柵など）を設置する場合における、囲障の規格や費用負担についての規定です。

⑥ 越境する樹木の枝・根の切除

　隣地の木の枝・根が境界線を越えて自分の土地に入り込んできた場合における、その木の枝・根の切除についての規定です。樹木の越境

問題は、感情的になってしまい、隣地所有者に無断で伐採することもあるようです。民法によれば、越境してきた根であれば、自ら切除することができるのに対し、越境してきた枝については、隣地所有者に切除させるとしており、勝手に切除してよいものではありません。

⑦　境界線付近の建築と目隠し設置

　自分の土地であっても、その土地に建物を新しく建築する際、境界線から1m未満の距離の所に窓、縁側、ベランダを作る場合は、目隠しを設けなければなりません。もし、隣家の窓に何も目隠しとなるような造作（ほどこし）がない場合は、目隠しを設置するように要請することができます。

⑧　境界線付近で穴を掘ったり、便所を設ける場合の制限

　下水道の整備された地域においては、汲み取り式便所の設置ができませんので、穴を掘るといったことはまずないといえます。

⑨　境界線付近で穴を掘る場合

　ビルなどの建築に際しては、基礎を固めるため、地下深く掘削工事を行いますが、この工事によって隣地に地盤沈下などの被害を及ぼすこともあり、建築に関するトラブルのひとつとして数えられています。

● どんな近隣トラブルがあるのか

　周囲を他人の土地や崖などに囲まれていると、公道に出るためには他人の土地を通る必要があります。このように周囲を他人の土地や崖などに囲まれている土地の所有者には、周囲の他人の土地を通行する権利（袋地通行権）があるのですが、この権利をめぐって隣地所有者との間でトラブルが生じる可能性があります。

　また、境界線近くに建物を建てる際には、隣地を使用することができます（隣地使用権）。しかし、隣地に立ち入った際、隣地所有者などに損害を与えてしまえば、これもトラブルの原因となります。

　隣地の木の根が境界線を越えて、自分の土地に入り込んできている

第1章　建築・道路・境界・日照をめぐる法律知識　47

ときは、自らの判断により、その根の切除ができます。しかし、隣人が所有する木の根を切ることになるので、無断で根を切断した場合には、隣人が怒ってトラブルに発展するケースがあります。

さらに、土地の所有者は、隣地所有者と共同で、境界標や囲障を設置することができます。この境界標や囲障をどこに設置するかで、隣地所有者とトラブルになる可能性があります。

このように、境界をめぐって近隣トラブルが生じる原因には、さまざまなものが考えられます。トラブルを避けるためには、日頃から近隣の住民たちとの間で、境界で生じる問題について話し合いをしておくことが大切だといえるでしょう。

◉ 近隣トラブルの法的解決手段

実際に近隣トラブルが生じ、話し合いで解決できないときには、損害賠償請求や差止請求といった手段を検討することになります。

・他人の権利を侵害した場合の損害賠償請求

民法では、不法行為（他人の権利を侵害し、その他人に損害を発生させる行為のこと）に関する損害賠償請求権が規定されています。この規定に基づいて、損害を受けた者は、過去に生じた損害の賠償を請求することができます。

・差止請求

現在および将来にわたっての権利の侵害を解消するには、それを差し止める必要があるため、権利の侵害を受けている者には、差止請求権が認められます。

◉ 建築工事の着工前に挨拶を忘れない

建物の工事を行うと騒音や大型車両の搬入などが発生するため、これらが近隣住民とのトラブルの原因となりかねません。このようなトラブルの発生を防ぐためには、近隣住民との良好な関係を築いておく

ことが必要です。

　具体的には、建築工事の着工前に、近隣住民に挨拶をしておくこと
が重要だといえます。その際、工事全体の期間、どのような用途の建
物を建築する予定なのか、どの時間帯に工事を行うのか、どのような
車両が出入りするのか、といった事項も伝えます。これによって、単
に工事の着工を伝えるよりも、近隣住民の理解を得やすくなります。

　万が一、建築工事に対してクレームがあった場合には、初期対応が
重要です。まずは相手の言い分を聞くことに徹して、最初から反論や
弁解をしないようにしましょう。ただし、自分の側の非を認めてしま
うような安易な謝罪も避けるようにします。クレームをしてきた者に
対しては、その場ではすぐに回答せず、その主張が正当なものかどう
かを検討してから回答することが大切です。

■ 相隣関係についての規定 ……………………………………………………

民法	隣地使用の問題	・隣地使用権 ・袋地（囲繞地）通行権
	水の問題	・自然水流に対する妨害の禁止 ・雨水を隣地に注ぐ工作物の 　設置の禁止
	境界の問題	・界標設置権 ・囲障設置権
	竹木切除の問題	・竹木の根の切除権 （枝は勝手に切除できない）
	境界線付近の工作物の問題	・距離を保つべき義務 ・目隠しを設置すべき義務

第1章　建築・道路・境界・日照をめぐる法律知識　**49**

相談 隣家の樹木が越境している場合はどうする

Case 私の隣の家に住むＡさん宅は、見事な樹木がたくさんある和風邸宅です。風流なのはよいのですが、我が家との境界近くにある梅の木の根と枝が、境界線を越えており、非常に邪魔です。Ａさんに無断で切ってしまうことは、法律的に問題がありますか。

回答 Ａさん宅の樹木の根と枝が境界線を越えているとのことですが、民法の規定によると、根が越えている場合と、枝が越えている場合とでは、取扱いが異なっています。

つまり、越境している根は、Ａさんに請求しなくても、あなたが自分の判断で切り取ってよいことになっています。しかし、越境している枝は、Ａさんに切り取るように請求できるだけで、勝手に切り取ることはできないのです。請求に応じない場合は、Ａさんの費用で切り取ってもらうことを、裁判所に申し立てることができます。

民法では、枝の切除を求める相手について「竹木の所有者」と規定しています。したがって、Ａさんの自宅が借りた土地上にあり、土地の持ち主がＡさんでなくても、木の持ち主がＡさんであれば、Ａさんに枝の切除を請求します。つまり、借地人が自分のものとして植えている場合、枝の切除を請求する相手は木の所有者となるわけです。

なお、あなたが根を切る場合もＡさんに枝を切らせる場合も、切ることによる被害が大きいときは、切除または切除の請求が権利濫用になることがあります。

相談 隣家の屋根からの雪で損害が発生する場合はどうする

Case 隣に住むＡさん宅の２階の屋根から、冬になると積もった大量の雪が私の自宅の庭に落ちてきます。おかげで私が育ててきた盆栽

の半分が枯れてしまいました。さらに、屋根からつららも落ちてくるので、危なくて庭を使うこともできません。Ａさんに注意したのですが、取り合ってもらえません。どうにかできないものでしょうか。

回答 民法では、「土地の所有者は、直接に雨水を隣地に注ぐ構造の屋根その他の工作物を設けてはならない」と規定しています（雨水を隣地に注ぐ工作物の設置の禁止）。Ａさんの屋根は、隣地であるあなたの庭に雪やつららを落とすような構造になっていますから、この規定に違反している状態だといえます。

　もっとも、Ａさんが屋根を改善してくれなければ、屋根の違反状態は変わりませんから、簡易裁判所に調停（民事調停）を申し立てるか、地方裁判所に仮処分の申立てをすることが考えられます。

　仮処分の申立てをする場合には、管轄の地方裁判所に仮処分申請書を提出して、相手を呼び出してもらいます。当事者から話を聞いた担当裁判官は、早ければ２〜３週間程度で、たとえば、「Ａさんに対して屋根の雪止め工事を命じ、これを守らない場合には１日ごとに一定額の金銭の支払いを命じる」といった決定（仮処分命令）を出してくれます。仮処分命令をもらうためには、裁判所が指定する一定額の保証金を供託所（弁済などをするための金銭や物品を預かる国の行政機関のこと）に預ける必要があります。

　なお、仮処分命令は暫定的措置ですから、Ａさんが雪止め工事をする見込みがなければ訴訟を提起して、仮処分命令が正しいことの確認を求めることが必要です。訴訟において勝訴が確定すると、仮処分のときに供託した保証金は全額戻ります。

　次に、盆栽が枯れた損害について、Ａさんに賠償を請求することになります。損害賠償の請求に先立って、Ａさんが「雪による被害ではない」と反論することに備え、被害直後の状況を写真に撮るなどの証拠を用意しておくようにします。

第1章　建築・道路・境界・日照をめぐる法律知識　**51**

相 談 隣地が盛土をして被害がでた場合はどうするか

Case 傾斜地にある住宅に住んでいます。隣地は私の土地よりも3m
ほど高く、隣地内に設置された擁壁で区画されていました。先日発生
した豪雨で、その擁壁が倒壊した結果、家庭菜園のために地上げした
隣地の盛土が流れ込んできて、私の土地上にある建物の一部が壊され
ました。隣地の所有者に対して、どのような主張ができるでしょうか。

回 答 民法などには、相談のようなケースを直接規定したものがあ
りませんが、所有権などの物権（物を支配する権利の総称）から導か
れる権利があると考えられています（物権的請求権）。

　具体的に相談者は、隣地の盛土が流れ込んできたため、自分の土地
を自由に使うことができない状況であると考えられるので、そのよ
うな妨害の排除を請求することができます（妨害排除請求権）。また、
豪雨で擁壁（15ページ）が倒壊したことから、これを放置すると、今
後生じる風雨によって被害が拡大することが予想されます。そこで、
これを予防するように請求できると考えられます（妨害予防請求権）。

　以上の物権的請求権に基づいた請求の他、相談者が所有する建物は、
隣地の所有者が設置した擁壁や盛土が原因となって壊された可能性が
ありますから、民法717条が規定する工作物責任（土地工作物責任）
を追及できるかどうかも問題となります。人工的に土地に接着して作
られたものは「土地の工作物」と呼ばれ、建物だけでなく擁壁や盛土
も「土地の工作物」のひとつです。その設置や保存に瑕疵（本来備え
ているべき性質や設備が欠けていること）があり、そのために他人に
損害が生じたときは、被害者に賠償しなければならないのが工作物責
任です。そして、工作物責任が認められるかどうかは、盛土によって
擁壁の耐久性が不足していたかどうかによると考えられます。

8 隣地使用権について知っておこう

建物の建築などの際に隣地を使用できる

● 隣地使用権とはどのような権利なのか

　隣地使用権とは、土地の所有者が、境界やその近くにおいて、障壁（塀など）または建物を造ったり、修繕したりしようとする際に、隣地の使用を請求する権利のことをいいます。

　隣地の所有者の承諾がなければ隣地を使用できないとすると、土地の境界やその近くで塀や建物などの築造・修繕をすることができず、土地を利用した経済活動が妨げられてしまいます。そのため、土地の所有者が、隣地との境界やその付近で塀や建物などの築造・修繕をする場合に、隣地の使用請求を認めているのです。

　民法の規定では、隣地使用権は「土地の所有者」に対して認めていますが、土地について地上権（土地を利用できる物権のこと）を有している者や土地を賃借している者も、隣地使用権を行使できると考えられています。たとえば、土地の地上権を有している者が、隣地との境界に塀を設置しようとする場合には、隣地の所有者に対して、隣地の使用を請求できます。

　さらに、塀や建物などの築造・修繕といったケースでなくとも、隣地使用権の行使ができる場合があると考えられています。たとえば、排水溝を工事する際に隣地を使用する必要がある場合には、隣地の所有者に対して、隣地の使用を請求できます。

　もっとも、隣地使用権の行使に際し、隣地の所有者に対して損害を与えた場合には、その損害を賠償する必要があります。

第1章　建築・道路・境界・日照をめぐる法律知識　53

● 隣地への立入りは隣人の承諾を要する

　前述のように隣地使用権が認められる場合であっても、隣人（隣地の所有者）の承諾がなければ、隣地への立入りはできません。勝手に隣地へ立ち入るのは、住居侵入罪（刑法130条）に該当することに注意が必要です。そして、隣人の承諾が得られない場合には、裁判所に対して、隣人の承諾に代わる判決を求める訴訟を提起すべきであると考えられています。裁判所から隣人の承諾に代わる判決を得ると、隣人が隣地への立入りに承諾したとみなされるので、これによって隣地への立入りが可能になります。

　隣地への立入りに関しては、隣地にある「住家」への立入りは、隣人の承諾がなければ、隣人の承諾に代わる判決を得ても認められないことに注意が必要です。たとえば、隣地に建っているマンションの居室や、オフィスビルの事務所・店舗の使用部分への立入りは、隣人の承諾がなければできないことになります。住家への立入りは、隣人のプライバシーを大きく侵害するからです。ただし、建物の屋根やそれに続く外階段など、住家に該当しない部分については、隣地使用権に基づいて立入りを請求できると考えられています。

■ 隣地使用権が認められるケース

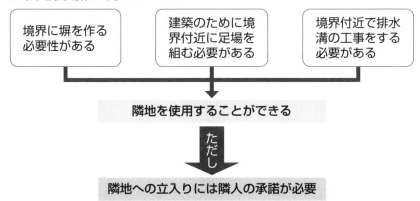

相 談　建築工事をするために隣の土地を使用できるか

Case　私は金利が安い今のうちに、以前から持っていた土地に家を建てることにしました。ただ、隣の土地に足場を作らせてもらわなければならないほど土地面積が小さいのが難点です。一度隣の空き地の持ち主であるＡさんに「足場を作らせてもらえないか」とお願いしたのですが、聞き入れてもらえませんでした。どうにかならないものでしょうか。

回 答　民法では、土地所有者は、境界や境界付近で建物や塀を作ったり修繕するために、必要な限度で隣地を使用させてもらうよう隣地の所有者に請求することができるとしています（隣地使用権）。相手方である隣人はその請求が必要な限度を超えていないかぎり、承諾する義務があります。承諾を求める相手は隣地所有者の他、隣地の賃借人などの正当な使用者でもよいことになっています。

　あなたが隣地であるＡさんの土地を使用するためには、境界または境界の近くで建物や塀などを築造し、または修繕するため、隣地であるＡさんの土地に立ち入る必要があること、そして、Ａさんの承諾が得られていることが必要です。質問によると、Ａさんは聞き入れてくれないようですから、あなたは承諾が得られていない状態であり、このままでは隣地に立ち入ることはできません。

　このように隣人が土地の使用を承諾してくれない場合には、訴訟を提起してＡさんの承諾に代わる判決を出してもらう（これによりＡさんが承諾したとみなされる）しかありません。そして、急を要するのであれば、訴訟の提起に先立って、仮処分命令の申立てを裁判所に行うとよいでしょう。裁判所は、必要があると認めれば、暫定的に土地の使用を認めてくれます。

第1章　建築・道路・境界・日照をめぐる法律知識　　55

9 塀について知っておこう

塀の設置費用や管理費用は隣家と折半できる

● 塀をつくるには

　2つの建物が別々の所有者に属し、それらの建物の間に空き地があるときには、各建物の所有者は、他の所有者と共同の費用で、境界上に囲障（塀や柵など）を設置できる権利を持っています。この権利のことを囲障設置権といいます。囲障設置権は、建物所有者に認められている権利なので、建物を所有する土地の賃借人にも認められます。これに対し、建物は他人が所有し、その他人に土地を賃貸しているだけの土地の所有者には、囲障設置権が認められません。

　囲障として設置する代表例が「塀」です。新しく塀を設置しようとする場合には、まず、隣家所有者と協議を行うことになります。合意が成立しなければ、裁判所に訴訟を提起して、隣家所有者に協力を求めることが必要です。隣家が費用を出し渋っているからといって、塀の設置や管理に関する費用を全部自ら負担する必要はありません。塀の設置や管理の費用は、隣家と折半することができます。折半する場合には、原則として塀の所有権は隣人との共有となります。裁判所の判決では、塀の設置場所、材質、高さ、費用の分担などが指定されます。判決があっても、隣人が塀の設置に応じなければ、とりあえず自己費用で塀を設置した上で、その費用を隣人から取り立てます。

　もっとも、嫌がらせ目的など、プライバシー保護や建物内の安全保護とは無関係に塀を設置しようとする場合は、権利の濫用にあたるので、隣家所有者に対して協力義務は発生しないと考えられています。

　その他、隣地にまたがることなく、自らの土地内に塀を設置するのであれば、隣人の承諾なく勝手に設置することが許されます。塀の中

56

心線上に塀を設置する場合は、勝手に塀を設置すると、刑法が定める不動産侵奪罪（36ページ）などの犯罪行為となる可能性があります。

なお、前述したことは、塀の中心線が、隣地との境界線と一致することを前提とした話です。既存の塀の中心線が実際の隣地との境界線と一致しない場合は、その中心線を隣地の境界線と一致させた上で、塀を設置しなければなりません。

● どんな塀がつくれるのか

隣人と共同して境界に塀を設置する場合は、塀の高さや材質などについて協議することが必要ですが、必ずしも隣人との意見が一致して合意に至るとは限りません。しかし、意見が一致しない限り、塀をまったく設置できないというのでは困ります。

そこで、民法は、隣人との協議が整わないときは、「高さ2mの板塀または竹垣」を設置すると規定しています。また、民法の規定と異なる地方自治体の条例や地域の慣習があれば、それに基づいた塀の設置の協力を求めることができます。たとえば、市区町村の条例で「協議が調わないときは、塀は生垣にしなければならない」と規定されていれば、その内容に拘束されます。

● 高価な塀をつくるには

塀を設置すること自体には、合意が成立したものの、設置する塀の高さや素材などについて合意が成立しない場合があります。このような場合に、設置する塀の内容を決める基準として、民法や条例・慣習があります。したがって、前述したように、隣人との協議が整わないときは、条例・慣習があれば、それに基づいた塀を設置し、条例・慣習がなければ、民法が規定する「高さ2mの板塀または竹垣」を設置することになります。

しかし、協議が整わない場合に、民法や条例・慣習が規定していな

第1章　建築・道路・境界・日照をめぐる法律知識　　**57**

い塀を一切設置できないわけではありません。民法や条例・慣習などが規定するよりも高級な塀を設置することが可能です。たとえば、板ではなく、石材（天然の岩石のこと）で塀を設置することも可能です。

もっとも、石材にすることによって余分にかかる費用を隣人にも負担させるのは公平ではありません。そこで、余分にかかる費用は、石材で塀を設置することを望んでいる者が負担することになります。

この点については、民法でも、相隣者の1人は、板塀や竹垣より良好な材料による塀を設置し、または高さ2mよりも高い塀を設けることができるが、これによって生ずる費用の増加額を負担しなければならないことを規定しています。

この場合であっても、プライバシー保護や建物内の安全確保という目的から外れた塀の設置は許されないことに注意が必要です。たとえば、隣家の日照、通風、眺望を著しく害するような高さの塀を設置することはできません。

■ 高価な材料による塀を造るためのプロセス

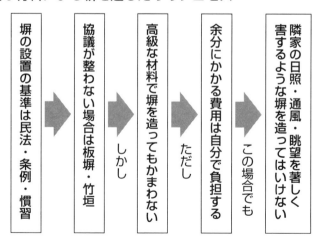

相談 塀の設置に隣家の協力を求めることができるのか

Case 隣家の建築が進むにつれて、塀などがないと家の中が見えてしまうなどの不安が出てきました。隣家との境界に石塀をたてたいのですが、隣家の協力が得られません。どのように対処すればよいでしょうか。

回答 相談のような場合、民法の規定によると、2つの建物間の空き地にある境界線上に囲障（塀や柵など）を設置できるとしています。多くの場合、囲障として塀が設置されます。しかし、一口に塀といっても多種多様ですし、日照や通風などの問題から、材料の好みの問題までありますから、まずは隣人との話し合いが大切です。また、地方自治体の条例または地域の慣習がなければ、設置費用は折半が原則ですが、協力を得るために費用負担を調整する必要もあるでしょう。

塀の設置について話し合いがまとまらないときは、協力を求める訴訟を提起し、判決を得て設置することも検討します。この場合に設置する塀として、民法では「高さ2mの板塀または竹垣」を提示しています。そして、塀の材質などについては、中程度のものを選択することが前提となります。民法や条例・慣習が予定している材質や大きさではないものや、高価なものを希望するときは、その費用を相談者が負うことにすれば、設置が認められるでしょう（前ページ）。

相談はプライバシーの確保などから、早急に必要な状況のようですが、すべて自分の費用負担で、かつ、自分の敷地内であれば、自由に材質や大きさを決めて塀を設置することができます。ただし、隣家の日照や通風を意図的に妨害したり、意図しなくても常識的な範囲を超えて妨害するようなものは、権利の濫用とされ、設置が許されないことがあります。

第1章 建築・道路・境界・日照をめぐる法律知識

日照権について知っておこう

何が日照権かは明確ではない

● 日照権とは

　日照権とは、住居の日照（日当たり）を確保する権利のことです。高層マンションや高架化された道路などによる日照の妨害によって不利益を受けた場合に、その対抗手段として損害賠償請求や工事差止めをする法的根拠として主張されます。

　このように、日照の享受を法律上の保護の対象とするため、これを権利として構成したのが日照権ですが、どのくらい日照が妨害されていれば、受忍限度を超えて日照権の侵害といえるのかということは、明確だといえません。

　もっとも、日照権の侵害を主張できるのは、日照の妨害が問題となっている土地・建物の所有者や利用者に限られると考えられています。具体的には、土地・建物の所有者の他、土地・建物を借りている人や、土地に地上権を有する人が、日照権の侵害を主張できることになります。

● 日照権に関連する法律上の規制

　日照権の考え方をふまえた法律上の規制として、建築基準法が定めている日影規制があります。日影規制とは、隣地に落ちる影の時間を制限するものです。具体的には、一定の高さを超える建物を建てるときに、敷地境界線から一定距離の部分に、一定時間を越える日影を作ってはならないという形で規制されます。日影規制の対象となる建物は、用途地域に応じて異なります。

　さらに、建築基準法には、日影規制以外にも、日照の確保につなが

る規制として、敷地に対する建物の面積の割合を示す建ぺい率（96ページ）についての定め、敷地に対する建物の延べ面積（建物の各階の床面積の合計のこと）の割合を示す容積率（97ページ）についての定め、高さ制限（102ページ）などがあります。その他には、北側隣地の境界線からの一定距離における建物の高さを制限する北側斜線制限（106ページ）もあります。

　ただし、以上で挙げた建築基準法上の規制は、建物の建築が不可能とならないための最低限の規制ですから、建築基準法上の規制に違反していなくても、日照権の侵害を主張される可能性があります。特に高さのある建物を建てようとするときは、建築基準法上の規制を守ることだけでなく、隣地などの日照にも十分に配慮し、トラブルが発生しないようにすることが大切です。

◉ 複合日影とは

　1つの建物によってではなく、複数の建物によって生じる日影を、一般に複合日影といいます。複合日影は、1つの建物がつくる日影と比べて、各建物による日影が重なり合う部分と、各建物が独自につくる日影の部分とがあります。

　建築基準法では、敷地の異なる複数の建物の複合日影について、直接の規制はしていません。この場合、それぞれの建物について、日影規制に違反していないかどうかが問題となります。

　一方、同一敷地内に複数の建物が建っている場合は、その複数の建物によって生じる日影を1つの建物から生ずるものとして規制しています。具体的には、以下のような規制がなされています。

　日影規制は、隣地境界線から5m離れた場所（5mライン）の日影時間と、10m離れた場所（10mライン）の日影時間の両方を基準としています。たとえば、A建物が、敷地境界線から10m離れた場所でごく短時間しか日影を生じさせていなくても、B建物・C建物が、同じ

く敷地境界線から10m離れた場所で長時間日影を生じさせている場合には、日影規制を受ける可能性があります。

さらに、A建物・B建物・C建物の日影が複合した結果、これらから生ずる日影による被害が大きくなり、受忍限度を超えていると判断されるときは、日照権の侵害を理由として、それぞれの建物の所有者や利用者に損害賠償を求めることができる場合があります。

■ 同一敷地内に複数の建物がある場合の規制

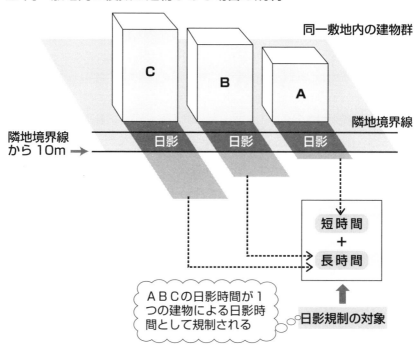

第 2 章

建築基準法のしくみ

建築物について知っておこう

「建築物」は物体、「建築」は人の行為を指す

● 建築物と建築の関係

　建築基準法などの法令の中には「建築物」と「建築」という言葉が出てきます。これら2つは、日常的には同義語のように扱われることもありますが、法令上は明確に区別されています。

　建築物とは、土地に定着する工作物のうち、屋根・柱・壁を有するものが基本です。つまり、建物などの物体そのものを指す言葉が「建築物」です。これに対し、建築とは、建築物を新築・増築・改築・移転することが基本です。つまり、建物を建てるなどの建築物に対して人がする行為ということです。建築基準法に規定された検査などは、その要件に応じて、建築に対しても建築物に対しても行われますが、違反が認められた場合に処罰を受けるのは、建築という行為をした人（または人が所属する法人）だけです。

　建築基準法2条1項では、土地に定着する工作物のうち、次のいずれかに該当するものを「建築物」として扱うと定めています。土地に定着しており、人が長時間利用できる機能を備えた工作物については、「建築物」として取り扱われると考えてよいことになるでしょう。

① 屋根および柱または壁を有するもの（類似構造のものを含む）
② ①に附属する門または塀
③ 観覧のための工作物
④ 地下または高架の工作物内に設ける事務所、店舗、興行場、倉庫その他これらに類する施設
⑤ ①〜④に付設された建築設備

　たとえば、移動できるキャンピングカーは、土地に定着していない

ので、建築物に該当しません。一方、屋根のないスポーツ競技場は③に該当し、地下街および一定の場所に固定して倉庫として利用されるコンテナは④に該当し、それぞれ建築物に該当します。

● 特殊建築物とは

建築基準法2条2項では、次のいずれかに該当する建築物を「特殊建築物」と定め、一般の建築物より厳しい建築基準を設定しています。特に防災面での配慮が必要な建築物が特殊建築物に含まれます。不特定多数の人が集まる建築物、教育・文化・スポーツに関する建築物、商業・サービスに関する建築物などが特殊建築物になります。

①学校（専修学校および各種学校を含む）　②体育館　③病院　④劇場、観覧場　⑤集会場、展示場　⑥百貨店、市場　⑦ダンスホール、遊技場　⑧公衆浴場　⑨旅館　⑩共同住宅、寄宿舎、下宿　⑪工場、倉庫、自動車車庫　⑫危険物の貯蔵場　⑬と畜場　⑭火葬場　⑮汚物処理場　⑯その他①〜⑮に類する用途に用いる建築物

■ 建築物とは ……………………………………………………………………

建築物となるための要件
・土地に定着する工作物であること
・屋根に加えて柱か壁があること（観覧工作物などの例外あり）

建築物にならないもの
├ 自動車→移動できるので、土地に定着しているとはいえない
└ 自然にできた洞窟→人が作った工作物とはいえない

第2章　建築基準法のしくみ　　**65**

2 建築基準法はどんな建築物 に適用されるのか

建築基準法の適用が除外される建築物がある

● 建築基準法の適用の有無をおさえる

　建築基準法は、日本国内に存在するすべての建築物に適用されるのが原則です。しかし、一部の建築物については、建築基準法をそのまま適用することが不適切と考えられており、そのような建築物に対しては、建築基準法の全部または一部の規定の適用を除外しています。

　建築基準法の全部または一部の規定が適用されない建築物は、①既存不適格建築物（３条２項）、②文化財建築物（３条１項）、③保護建築物（85条の２、85条の３）、④簡易構造建築物（84条の２）、⑤仮設建築物（85条）です。このうち②については、建築基準法の全部の規定が適用されません。文化財建築物とは、国宝、重要文化財、重要有形民俗文化財、特別史跡名勝天然記念物、史跡名勝天然記念物として指定がされた建築物などを指します。これに対し、①③④⑤については、同法の一部の規定が適用されないことになります。

　以下では、私たちが建築物の購入や建築などをする際、特に確認しておく必要性があり得る①③④⑤について見ていきましょう。

● 既存不適格建築物

　法改正などによって、建築基準法やこれに基づく命令や条例の規定が変更された場合に、変更前にはそれらの規定に適合していた建築物が、変更後は適合しなくなる事態が起こります。しかし、過去にさかのぼって建築基準法などを適用するわけにはいきませんから、変更前にはそれらの規定に適合していた建築物は、変更後の規定に適合していなくても、建築基準法などに違反する建築物（違反建築物）として

は扱いません。このような建築物を既存不適格建築物といいます。

　具体的には、建築基準法などが変更された時点（基準時）ですでに存在していた建築物と、その時点で建築中（増築中・改築中を含む）、修繕中、模様替え中であった建築物との両方が、既存不適格建築物として扱われます。しかし、既存不適格建築物について、建築確認を必要とする建築（増築・改築・建替えなど）をする場合には、建築を行う時点の規定に従わなければならなくなる点に注意を要します。

　既存不適格建築物については、原則として建築基準法などの規定が適用されません。なお、損傷・腐食などの劣化が進み、放置すれば保安上危険となり、または衛生上有害となるおそれがある場合には、特定行政庁から指導・助言を受けます（指導・助言は2019年6月施行の建築基準法改正で導入された）。さらに、保安上の危険または衛生上の有害の程度が著しい場合には、特定行政庁から取壊し・修繕などの勧告・命令を受けます。特に命令に従わないときは、特定行政庁によって強制的に既存不適格建築物が取り壊されることがあります。

● 簡易構造建築物

　簡易構造建築物については、建築基準法による防火規定の一部の適用が除外されます。簡易構造建築物には、開放的簡易建築物と帆布建築物とがあります。

　開放的簡易建築物とは、壁のない建築物など、高い開放性を有する建築物または建築物の部分であって、1階建てで、床面積が3,000㎡以内で、間仕切り壁のないものをいいます。建築物の用途は、①自動車車庫の用途に用いるもの、②スケート場、水泳場、スポーツの練習場などの運動施設、③不燃品の物品の保管やそれと同等以上に火災発生の危険性が少ない用途に用いるもの、④畜舎、堆肥舎、水産物の増殖場・養殖場に限定されます。

　帆布建築物とは、屋根と外壁が帆布などの材料で作られている建築

第2章　建築基準法のしくみ　　**67**

物または建築物の一部分であって、1階建てで、床面積が3,000㎡以内で、間仕切り壁のないものをいいます。建築物の用途は、上記のうち②③④のいずれかに限定されます。

なお、開放的簡易建築物・帆布建築物のいずれにおいても、法令による細かい基準（次ページ図）に合致しなければならず、建築物の部分である場合には、準耐火構造の壁などで区画された部分に限られます。

● 仮設建築物

仮設建築物とは、一定期間の経過後に撤去されるのを前提とした建築物のことです。仮設建築物には、以下の4種類があります。

① **非常災害の発生時における応急仮設建築物**

非常災害（地震・洪水など突発的事象で発生する災害のこと）が発生した際に、特定行政庁が指定する区域内では、災害発生日から1か月以内に工事を開始する場合、防火地域以外で応急仮設建築物を建築するに際しては、建築基準法の規定が適用されません。ここでの「応急仮設建築物」に該当するのは、ⓐ国、地方自治体、日本赤十字社が災害救助のために建築する建築物、ⓑ被災者が自分で使用するために建築する延べ面積30㎡以内の建築物のいずれかです。

② **災害の発生時に公益上必要な用途に用いる応急仮設建築物**

停車場（鉄道の駅など）や応急仮設住宅などが該当し、建築基準法第2章（単体規定）の一部の規定および建築基準法第3章（集団規定）の全部の規定が適用除外となります。

③ **災害発生時に工事の施工のために現場に設置する事務所・下小屋・材料置場などの仮設建築物**

災害発生時に復旧工事などをする企業が設置する仮設建築物が該当します。適用が除外される建築基準法の規定は、原則的には②の場合と同じです。

④ **仮設興行場、博覧会建築物、仮設店舗などの仮設建築物**

これらの仮設建築物については、建築基準法第２章（単体規定）の一部の規定（③④とは除外される規定が異なる）および建築基準法第３章（集団規定）の全部の規定が適用除外となります。

■ 簡易構造建築物の主な構造基準（自動車車庫以外）

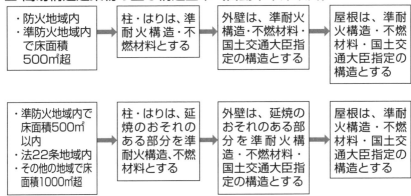

■ 自動車車庫用途の簡易建築物の主な構造基準

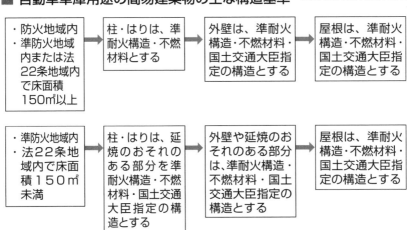

3 建築物の敷地について知っておこう

1つの敷地には1つの建築物が存在する

● 建築基準法上の敷地とは

　建築基準法では、敷地とは、1つの建築物が存在するひとかたまりの土地のことを指します。2つ以上の建築物が存在する土地は、建築物がある土地ごとに別々の敷地とみなすのが原則です。ただし、2つ以上の建築物が存在する土地であっても、それらの建築物の用途が不可分の（分けられない）関係にある場合には、それらの建築物が存在する土地を1つの敷地とみなします。

　建築物の用途が不可分の関係にある例として、住宅と物置、学校における教室棟と講堂などが考えられます。このとき、建築基準法上は2つの建築物が存在する土地を1つの敷地とみなします。一方、病院における病棟と職員寄宿舎などの用途は可分だと考えます。

　建築基準法19条では、敷地の衛生と安全に関して、以下の4点が定められています。

① 排水に問題がない場合や湿気防止の必要がない場合を除き、建築物の敷地は、接する道路との境より高くなければならず、建築物の地盤面は、接している周囲の土地より高くなければなりません。

② 湿潤な土地、出水の可能性の高い土地、ゴミなどを埋め立てた土地に建築物を建築する場合には、盛土、地盤改良などの必要な措置をしなければなりません。

③ 建築物の敷地には、汚水や雨水を排出・処理するための下水管、下水溝、ためますなどを設置しなければなりません。

④ がけ崩れなどにより建築物が被害を受ける危険がある場合には、土留めのための壁（擁壁）などを設置しなければなりません。

● 敷地面積について

　敷地面積とは、敷地の水平投影面積（土地や建物を真上から見たときの面積のこと）をいいます。敷地は平坦な土地ばかりでなく、傾斜や凹凸が存在する土地もあるため、敷地面積は水平投影面積によって算定します。通常は、隣地境界線や道路境界線で囲まれた範囲内の水平投影面積が、そのまま敷地面積となります。ただし、敷地が2項道路（25ページ）に接する場合の例外があります。つまり、2項道路に面している土地は、道路中心線から2mの範囲内の部分を敷地面積として算入しません。また、土地から見て2項道路の反対側が崖や川になっており、反対側に道路を拡張できない場合は、反対側の道路境界線から4mの範囲内の部分を敷地面積として算入しません。

　前述したように、都市計画区域・準都市計画区域内の建築物の敷地には、原則として、幅員4m以上の道路が2m以上接している必要があります（2項道路などの例外あり）。敷地の上に建物を建てて、人が生活したり、事業を営んだりするので、敷地は衛生的で、しかも安全なものにしなければなりません。そのため、前述した4つの措置を講じるように定められています。

■ 複数の建築物の用途が不可分の関係にあるとき

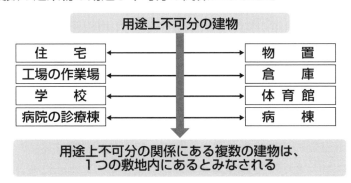

建築物の高さと始点になる地盤面について知っておこう

建築物の高さの始点となるのが地盤面

● 地盤面とは

　建築物の高さを測る際、問題となるのがどこからどこまでを建築物の高さとするのかという点です。特に、建築物の接地部分が斜面に面している場合には、高低差があるため、どの場所を高さ測定の始点にするか決めなければなりません。斜面に立つ建築物の接地面の高低差における平均の位置を地盤面といいますが、この場所が建築物の高さを測る際の始点となります（ただし、102ページで説明する道路斜線の規定による高さの算定には、道路中心線からの高さとなります）。たとえば、斜面に立つ建物の接地部分の高低差が3mある場合には、ちょうど真ん中の1.5m地点が地盤面となり、そこからこの建物の高さが測定されることになります。

　地盤面の基準について、少しややこしいのが「接地部分の高低差が3mを超える場合」です。この場合には、「3mごと」に地盤面があると考えることになります。つまり、複数の地盤面があると見るわけです。

● 軒の高さについて

　「軒の高さ（軒高）」とは、地盤面から建物の小屋組や横架材を支える壁や柱の上端までの高さをいいます。柱の他にも、横架材を支える壁などを測定対象とすることもあります。

　木造建築物の場合は地盤面から敷桁上端（柱の上部を連結しているけたの上端）まで、鉄筋コンクリートや鉄骨造の建物の場合は地盤面から最上階のはりの上端まで、の高さが軒の高さになります。

なお、例外として、「地盤面」に代わり前面道路の路面の中心から軒高を算定する場合もあります。

■ 地盤面とは

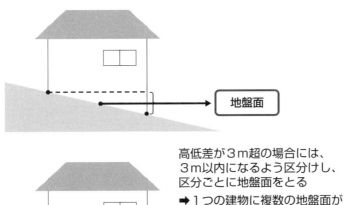

■ 軒の高さについて

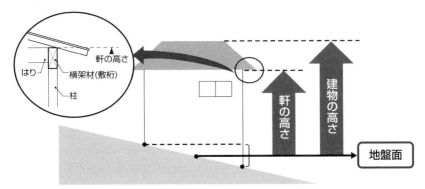

建築物の階数について知っておこう

建築基準法で「階数」という場合は地階も含める

● 階数とは

　建築物の規模を表す言葉として、建築基準法では「階数」が使われています。私たちは、住居やビルなどの規模を表現する場合に、たとえば「2階建ての住宅」「5階建てのビル」といった形で「階」という言葉を使っています。建築基準法（これに基づく命令や条例も含みます）でも「階」という言葉は使われていますが、これと「階数」とでは意味が異なるので注意が必要です。

　建築基準法上の「階」は、地上階（地上の階層）の数だけを指し、地階（地下の階層）の数は含みません。条文では「〜階以上の階」という形で使われています。これに対し、建築基準法上の「階数」は、地上階と地階の合計を指します。条文では「階数が〜以上」という形で使われています。

　たとえば、地上5階、地下2階のビルは、建築基準法上は「5階の建築物」「階数が7の建築物」と表現することになります。

● どのように階数を数えるのか

　階数の数え方として、建築物の部分によって階数が異なる場合には、最大部分の階数がその建築物の階数とみなされます。たとえば、2階層分の吹き抜け構造が部分的に取り入れられた建築物は、吹き抜け部分の構造がある2階層分を階数1でなく階数2として数えます。

　また、屋上にあるペントハウス（一般に最上階に設置された高級な住居部分のこと）、物見塔などの水平投影面積の合計や、地階にある倉庫、機械室などの水平投影面積の合計が、その建築物の建築面積

（建築物の外壁などの中心線で囲まれた部分の水平投影面積のこと）の8分の1以下の場合は、階数に算入しないことになっています。

ただし、建築物の階数に算入しないペントハウス、物見塔、倉庫、機械室などであっても、その建築物の延べ面積（各階の床面積を合計した面積のこと）には算入される点に注意が必要です。

■ 階数について

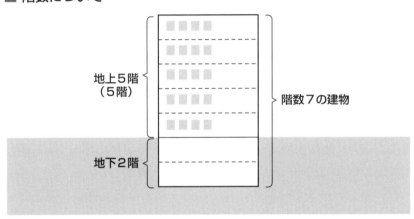

■ 階数の数え方

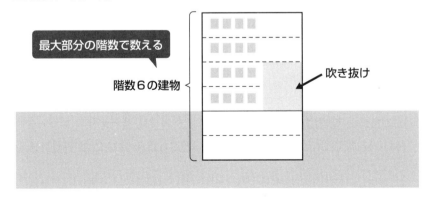

建築物の基礎について知っておこう

建築物の基礎は建築物の重量を支える重要な構造である

● 基礎が建築物の荷重を地盤に伝え建築物を支える

　建築物を建てるためには、その建築物の重量を支える基礎が必要です。基礎とは、建築物の力を地盤に伝え、建築物を安全に支える機能をもつ建築物の下部構造をいいます。この基礎部分に不具合があると、建築物全体の安全性が脅かされてしまいます。2015年に発覚した建築材料の大手製造会社によるデータ流用や改ざん事件によって、基礎の重要性を再認識された人も多いのではないでしょうか。

　建築基準法施行令38条では、建築物の基礎は、建築物に作用する荷重等を安全に地盤に伝え、かつ、地盤の沈下や変形に対して構造耐力上安全であると認められなければならないと規定しています。具体的には、高さ13mまたは延べ面積3000㎡を超える建築物で、建築物に作用する荷重が最下階の床面積1㎡につき100キロニュートンを超えるものは、基礎の底部が良好な地盤に達していなければなりません。「ニュートン（N）」とは、力の大きさを示す単位であって、1ニュートンあたり約102gの物体を支える力に相当します（100キロニュートンは約10.2tの物体を支える力です）。

　各地盤の強度については、建築基準法施行令93条に示されており、たとえば、岩盤に長期に生じる力に対する強度（許容応力度）については、1㎡あたり1000キロニュートン（約102tの物体を支える力に相当）であると規定されています。

　なお、基礎の設計上、建築物の全体を支える地盤のことを支持地盤といいます。

● N値に適した地層の調査が地盤調査である

N値とは、地層の硬さを示す値です。数字が小さいほど軟らかい地層であり、数字が大きいほど硬い地層であることを表します。

そして、建築物に適したN値以上の地層がどこに存在するかを調べる作業のことを地盤調査といいます。

地盤調査は、ボーリング調査（標準貫入試験）という方法で行われます。簡単にいうと、サンプラーと呼ばれるパイプ状のものを、自由落下させたハンマーで打ち、サンプラーを30cm貫入させるための打撃回数を数えるという方法で行われ、その数えた回数がN値となります。安全な基礎を設計するために欠かせない作業となります。

● 杭基礎とは

地盤が硬い台地などに建築物を建設する場合には、地盤を数m掘るだけで十分な基礎を作ることができます。しかし、川や海の周辺など、軟弱な地盤においては、浅い基礎では建築物を支えることができないため、深く杭を打ち込むことで、建築物を支えます。このような基礎を杭基礎といいます。重量があるRC造（鉄筋コンクリート造）の大規模マンションなどでは、何十〜何百という数の杭が打たれます。

■ マンションにおいて杭が届いていなければならない深さ

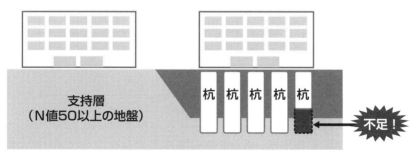

第2章　建築基準法のしくみ

建築確認について知っておこう

建築確認が必要になる建築物は決まっている

● 建築確認とは

　建築確認とは、建築物に関する一定の工事が建築基準法をはじめとするさまざまな規制（建築基準関係規定）を守っているかどうかを、一定の工事（新築・増築・改築・移転、大規模の修繕・模様替え、用途変更）をする前に、地方自治体がチェックする制度です。

　建築確認を受けた後でなければ、工事を開始できないのが原則です。建築物はいったん工事が完了してしまうと、取り壊しや建て直しに多大なコストがかかります。また、建築基準関係規定の基準を満たさない建築物の工事の結果として、個人の生命や身体の安全が脅かされる可能性があります。そのため、一定の工事に関する事前のチェックとして、建築確認を経ることを要求しています。

　建築確認は、建築物に関する一定の工事に着手する前に、建築主が申請することで行われます。ここで「建築主」とは、建築物に関する工事請負契約がある場合の注文者のことを指します。

　建築確認は、建築主事や指定確認検査機関が行います。建築主事に就くのは、都道府県知事や市町村長により任命された地方自治体の職員です。これに対し、指定確認検査機関とは、国や都道府県から指定を受けて建築確認ができる民間団体のことです。

　都道府県および政令で指定する人口25万人以上の市には、建築主事を置かなければなりません。それ以外の市町村は、都道府県知事の同意を得て、任意で建築主事を置くことができます。

　なお、2015年6月に施行された建築基準法の改正で、建築主が建築確認の申請とは別に、構造計算適合性判定の申請を直接行うことにな

りました。構造計算適合性判定の申請は、一定規模以上の建築物に関する一定の工事について、都道府県知事または指定構造計算適合性判定機関のうち、建築主が選択した側に行います。建築主は、判定の結果に不服があれば、審査請求をすることができます。

● どんな建築物が対象になるのか

　建築確認が必要になる建築物として、以下のものがあります。

① 一定規模・用途の特殊建築物（一号建築物）

　特殊建築物（65ページ）のうち、学校、体育館、病院、劇場、観覧場、集会場、展示場、百貨店、ホテル、旅館、倉庫など、耐火性が必要な用途に用いるもの（建築基準法別表第一に定められたもの）で、その用途に用いる部分の床面積の合計が200㎡（2019年6月施行の建築基準法改正で100㎡から変更された）を超えるときは、建築確認が必要になります。

② 大規模な木造の建築物（二号建築物）

　木造の建築物のうち、階数が3以上であるもの、延べ面積が500㎡を超えるもの、高さが13mを超えるもの、軒の高さが9mを超えるものは、建築確認が必要になります。

③ 木造以外の建築物（三号建築物）

　木造以外の建築物で、階数が2以上であるもの、延べ面積が200㎡を超えるものは、建築確認が必要になります。

● その他の建築物について

　上記の①・②・③の建築物の他にも、区域によっては、一定の工事のうち建築（新築・増築・改築・移転）をする場合に限り、建築確認が必要になります。具体的には、①・②・③以外の建築物で、都市計画区域内、準都市計画区域内、景観法で規定する準景観地区内、都道府県知事が関係市町村の意見を聴いて指定する区域内で、建築物を建

第2章　建築基準法のしくみ　　79

築する場合に、建築確認が必要になります（四号建築物）。

都市計画区域とは、その区域内をまとまりのある都市として開発し、整備していこうとしている区域のことです。

準都市計画区域とは、都市計画区域外の区域のうち、相当数の建築物の建築や敷地の造成が現に行われ、または見込まれる地域で、現況や今後の状況を考慮し、土地利用の整序や環境の保全措置をせずに放置すると、将来の都市としての整備・開発・保全に支障が生じるおそれがあるとして、都道府県が指定した区域のことです。

景観法で規定する準景観地区とは、都市計画区域外の区域で、市街地の良好な景観の形成を図るために定められる地区のことです。

その他、高さ6mを超える煙突、高さ4mを超える広告塔や広告板、高さ8mを超える高架水槽など、一定の規模を超える工作物を設置する場合にも、建築確認が必要です。

■ 建築確認の必要な建築物（原則）

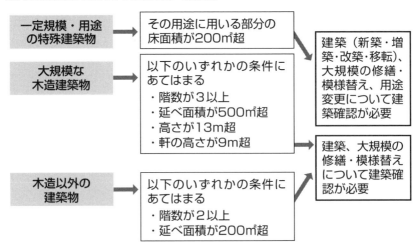

※防火地域・準防火地域外において建築物を増築・改築・移転しようとする場合で、その増築・改築・移転をする部分の床面積の合計が10㎡以内の場合は、建築確認が不要である。

8 建築確認申請の手続きについて知っておこう

建築主が建築主事または指定確認検査機関に申請する

◉ 建築確認申請とは

　建築確認が必要な建築物（前ページ図）について、建築主は、その建築物に関する一定の工事に着手する前に、建築確認の申請を行わなければなりません。建築確認の申請は、建築主が建築主事や指定確認検査機関に行います。どちらに申請するかは建築主が判断します。

　建築物の設計や工事の監理は建築士が行います。建築士には一級建築士、二級建築士、木造建築士という種類があり、一定の工事をする建築物の種類によって、二級建築士と木造建築士は、設計・工事監理できる建物が制限されています（建築士法3条～3条の3）。

　たとえば、延べ面積が1000㎡を超え、かつ、階数が2以上の建築物の工事については、一級建築士でなければ、その設計・工事監理ができません。また、延べ面積が100㎡（木造は300㎡）を超え、または、階数が3以上の建築物の工事については、一級建築士または二級建築士でなければ、その設計・工事監理ができません。

　建築士以外の者でも設計・工事監理が認められている小規模の建築物を除いて、建築士法所定の建築士の設計・工事監理に基づかない計画の場合、建築確認の申請は受理されませんので、建築士が建築主の委任を受けて代理申請するケースが多いようです。

◉ 建築確認の申請と必要書類

　建築確認を申請する際には、建築確認申請書と設計図書を提出します。設計図書とは、建築物の設計内容を示すさまざまな書類で、平面図、立面図などの図面の他、建築計画概要書などが含まれます。この

第2章　建築基準法のしくみ　**81**

うち「建築計画概要書」とは、建築確認申請書に記載された建築物の概要、検査履歴、配置図、案内図などを記載したもので、特定行政庁は、建築物が滅失し、または除却される（取り壊される）まで、建築計画概要書を閲覧に供します（建築基準法施行規則11条の４）。

　建築主から建築確認の申請があった場合、建築主事や指定確認検査機関は、建築計画が法令に適合するかどうかを審査します。審査期間は、一号建築物、二号建築物、三号建築物（79ページ）であれば35日以内、四号建築物（80ページ）であれば７日以内になります。審査の結果、計画が法令に適合することが判明した場合には、建築主事や指定確認検査機関は、建築主に確認済証を交付します。なお、指定確認検査機関が確認済証を建築主に交付した場合には、確認審査報告書を作成し、特定行政庁に提出することになっています。

　建築主事や指定確認検査機関は、建築確認をする場合、消防長または消防署長の同意を得ます。建築主が同意を得る必要はありません。ただし、防火地域や準防火地域以外の一戸建て住宅の建築確認をする場合には、消防庁・消防署長の同意が不要とされています。

　しかし、審査の結果、建築計画が法令に適合しないことが判明した場合や、申請書の内容からは法令に適合するかどうかがわからない場合には、建築確認の手続きが中断します。このとき、建築主は、審査期間内には建築確認ができないことについて、建築主事や指定確認検査機関から通知書の交付を受けることになります。

● 構造計算適合性判定

　建築主は、建築確認の申請に関する工事が、一定規模以上の建築物である場合には、建築確認の申請とは別に、構造計算適合性判定の申請を直接行うことが必要です。構造計算適合性判定が必要になる「一定規模以上の建築物」には、①木造の建築物で高さ13mまたは軒高９mを超える建物、②鉄骨造の建築物で地階を除く階数が４以上の建物、

③RC造（鉄筋コンクリート造）の建築物で高さ20mを超える建物などが該当します。

　かつての構造計算適合性判定の手続きは、建築主から建築確認申請を受けた建築主事または指定確認検査機関が、都道府県知事または指定構造計算適合性判定機関に対して判定を依頼する、という流れで行われていました。しかし、この手続きが見直され、2015年6月1日以降の建築確認の申請については、建築主が、建築主事などに対する建築確認の申請とは別に、指定構造計算適合性判定機関などに対する構造計算適合性判定申請を自ら行う制度に変更されています。

　また、この改正により、建築主は、どの指定構造計算適合性判定機関に判定申請を依頼するのか、そして、どの時期に判定申請を依頼するのかという点を自ら選択することが可能になりました。

　判定申請の際には、判定申請書（正本・副本）、図書や書類の一式（意匠図、構造図、構造計算書等）の各2通ずつを準備し、自ら選択した指定構造計算適合性判定機関に提出します。

　判定の結果、構造計算に適合性があると判断されると、申請者である建築主に適合判定通知書が発行され、判定申請書の副本と添付図書などの一式が戻されます。その後、建築主は、建築確認の申請をした

■ 建築確認申請と構造計算適合性判定申請の流れ

※計画変更の申請をする場合も含む。

建築主

①-a 確認申請 → 建築主事等による建築確認

③適合判定通知書 ←

④確認済証 ←

①-b 判定申請 → 指定構造計算適合性判定機関等による構造計算適合性判定

②適合判定通知書 ←

第2章　建築基準法のしくみ　83

建築主事などに対し、適合判定通知書の写し、判定申請書副本、添付図書を提出し、建築主事などが審査するという流れになります。

なお、構造計算適合性判定は、原則として、構造計算適合性判定の申請を受けた日から14日以内に行うことになっています。

● 中間検査

中間検査とは、建築確認を受けた工事が適切に行われているかどうかを、その施工途中で検査する制度です。建築主は、建築物の工事の過程に特定工程が含まれる場合には、その特定工程に関する工事が終了した日から4日以内に、その都度、建築主事または指定確認検査機関に対し、中間検査を申請する必要があります。中間検査の対象となる「特定工程」には、以下のいずれかの工程が該当します。

① 階数が3以上の共同住宅の床とはりに鉄筋を配置する工事の工程のうち、2階の床とこれを支えるはりに鉄筋を配置する工事の工程

② 特定行政庁（23ページ）が、その地方の建築物の建築の動向または工事に関する状況などの事情を考慮して、区域、期間、建築物の構造・用途・規模を限って指定する工程

中間検査の結果、建築基準関係規定に適合することが判明した場合には、建築主事などは、建築主に対して中間検査合格証を渡すことになります。指定された特定工程後の工程（後続工程）は、中間検査合格証を受け取らなければ進めることができません。また、特定工程の検査によって、建築基準関係規定に適合することが確認された部分については、完了検査が不要になります。

● 仮使用認定（承認）制度

特殊建築物などを使用するためには、建築確認、中間検査、後述する完了検査を経て、検査済証を受け取る必要があります。ただし、特定行政庁などが安全・防火・避難の観点から支障がないと認めた場合

には、検査済証を受け取る前であっても、その特殊建築物などを仮に使用できるという仮使用認定（承認）制度があります。

この仮使用の認定は、かつては特定行政庁のみができるものとされていましたが、2015年6月施行の建築基準法改正によって、建築主事や指定確認検査機関も仮使用の認定ができるようになりました。これにより、建築確認、中間検査、仮使用認定、完了検査という建築物の工事に関する一連の手続きを、同じ指定確認検査機関の下で実施でき

■ 建築確認申請の不要となる主な場合

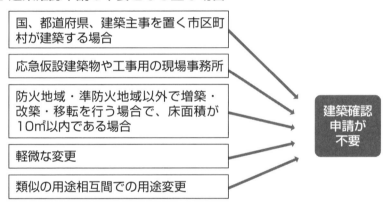

■ 中間検査、工事完了検査のしくみ

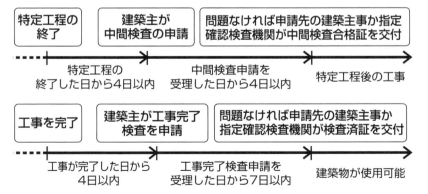

第2章　建築基準法のしくみ　85

るようになり、手続きを円滑に進めることが可能になりました。

　ただし、建築主事や指定確認検査機関が仮使用の認定を行える場合は限定されています。たとえば、①建築物本体の工事が完了し、外構工事（排水工事、塀・柵の設置工事など建築物の周辺の工事のこと）のみが完了していない建築物、②建築物本体の工事は完了していないが、躯体工事（柱・壁・床など建築物の骨組みの工事のこと）や仮使用の部分が完了している建築物、③増築工事で避難施設などに関する工事を完了している建築物は、建築主事などによる仮使用の認定が可能です。これに対し、避難施設の代替措置を要する場合など、裁量性のある判断が伴うケースについては、特定行政庁による仮使用の認定が必要になるので注意が必要です。

● 工事完了検査と定期報告制度

　建築主は、建築確認を受けた建築物の工事を完了した場合には、工事完了日から4日以内に、建築主事または指定確認検査機関に対し、工事完了検査を申請する必要があります。建築確認や中間検査の申請先とは別のところに完了検査を申請することも可能です。

　申請を受けた建築主事などは、申請を受理した日から7日以内に、建築物が法令に適合しているかどうかの審査を行わなければなりません。建築物が法令に適合していると認めた場合には、建築主に対して検査済証を交付します。原則として、一号建築物、二号建築物、三号建築物（79ページ）は、仮使用の認定を受けた場合などを除き、検査済証を受け取った後でなければ使用できません。

　さらに、工事完了後も適法な状態を維持する必要性から、一定の建築物の所有者は、定期的に、建築物や建築設備などについて建築士などによる調査を行い、その結果を特定行政庁に報告することが必要です（定期報告制度）。定期報告制度の対象となる建築物や建設設備などの例として、①一号建築物または階数が5以上で延べ面積が1000㎡

を超える建築物のうち、政令や特定行政庁が指定する建築物、②昇降機や防火設備などのうち、政令や特定行政庁が指定する建設設備（エレベーター、エスカレーターなど）を挙げることができます。

● 計画変更について

　建築確認を受けた建築物の計画を変更する場合には、原則として再確認が必要です。ただし、軽微な変更であれば再確認が不要です。具体的には、①建築物の階数を減らす場合、②建築物の高さを低くする場合、③敷地に接する道路の幅員や敷地が道路に接する部分の長さを広くする場合、④床面積の合計を減らす場合など、建築基準関係規定に適合するのが明らかな場合が、軽微な変更に該当します。

■ 建築確認手続きの流れ ……………………………………………

建築計画の作成	建築基準法などの法令に違反しないように建築計画を作成する
建築確認の申請	建築主事・指定確認検査機関に申請する（構造計算適合性判定の申請も行う）
建築確認	建築計画が法令に適合するものかどうかを審査する
建築などの工事に着工	確認済証の交付後に着工
中間検査申請	特定工程が含まれている場合、特定工程終了後4日以内に申請する
中間検査合格証を交付	中間検査合格証の交付後に後続工程の工事が可能
工事完了	予定していた建築物の完成
工事完了検査	工事完了後4日以内に申請
建築物の使用開始	原則として検査済証の交付後に使用可能

第2章　建築基準法のしくみ

相 談 隣地の建築確認申請を阻止したい

Case 私の家の隣は長い間空き地だったのですが、今度、土地を購入したXさんがかなり3階建ての家を建てることになりました。縄張りが始まったのですが、どうも、建ぺい率が建築基準法に違反しているのではないかとの疑問があります。役所に尋ねると、まだ、建築確認はしていないそうです。役所に建築確認をしないように請求できないものでしょうか。

回 答 3階建ての木造住宅を新築する場合は、二号建築物（79ページ）にあたるので、建築主は、建築主事または指定検査確認機関から建築確認を受けるべきことが建築基準法に定められています。しかし、建築確認の申請に対して、建築主事や指定検査確認機関は、建築基準関連規定に適合すると判断すれば、建築確認をしなければなりません。

これに対抗する手段として、行政事件訴訟のひとつである差止め訴訟と仮の差止めがあります。建築確認の差止め訴訟は、原則として地方自治体を被告とし、「建築主事や指定検査確認機関は、隣人に対し、3階建ての木造住宅に関する建築確認処分をしてはならない」という差止め判決を求めます。そして、審理中に建築確認が行われるのを防ぐため、あわせて仮の差止めの申立てとして、仮に建築確認をしてはならないと命令をするよう裁判所に求めます。ただ、差止め判決や仮の差止めを認めてもらうためのハードルが高いのが難点です。

そこで、役所からXさんに対し、あなたと任意に話し合いをもつように行政指導をしてもらうこともできます。話し合いをしている間は、建築確認がなされなくても違法となりません。しかし、行政指導は相手方の任意を前提とするので、建築確認申請後にXさんが話し合いを明確に拒絶すると、その手続きが進行してしまいます。したがって、早急に根拠資料を用意し、役所に陳情してみましょう。

9 建築確認に不満がある場合にはどうすればよいのか

近隣居住者も建築確認の取消訴訟を提起できる場合がある

● 行政事件訴訟のうちの取消訴訟で争う

建築確認とは、一定以上の規模の建物など、法律が規定する建築物を建築する場合に、その構造や設備だけではなく、敷地も含めて、建築基準関係規定（建築基準法をはじめとする、建築基準に関係するさまざまな法律・命令・条例の規制）に違反していないかどうかを建築主事または指定確認検査機関から確認を受けることを言います。新築の場合に限らず、増築・改築移転や大規模の修繕・模様替えなどの場合も建築確認が必要とされます。

建築確認は行政処分なので、建築確認の結果に不満があれば、行政事件訴訟のうちの取消訴訟によって争うことになります。ただ、取消訴訟の提起は、行政処分によって自らの「法律上の利益」が侵害される場合に認められるため、申請者（建築主）は取消訴訟を提起できるのに対し、近隣住民は取消訴訟を提起できるとは限りません。

取消訴訟を提起できるかどうかの判断は個別具体的に事例を検討して決定されますが、近隣居住者の個人的利益も「法律上の利益」にあたるとしています。たとえば、建築計画通りの建築物が建つと日照権（60ページ）が侵害される場合には、建築確認の取消訴訟を提起する資格があると判断される可能性があります。ただし、日照権は隣地所有者の権利とも相反し、常に認められるとは限りませんから、日照権以外の侵害も含め、相談者が負う侵害の程度を個別具体的に検討することが必要です。近隣住民が建築確認の取消しを求めたい場合、まずは建築主と協議し、侵害の程度が大きければ、都道府県または市町村を被告とする取消訴訟の提起を検討することになるでしょう。

第2章 建築基準法のしくみ **89**

相談 隣地の違法建築を阻止できるか

Case 私たちの町内で、工場跡の広い敷地に建売分譲住宅が建築される予定があります。ところが、先日の町内会の集まりで、それらの建物がどうやら建築基準法に違反するようだという話がありました。調べてみると、建築主Xと施工業者Yは、常習的に違法建築を行っている悪質業者とのことです。だまされて購入する人も出てきますし、このまま分譲住宅が建築されるのを見過ごすわけにはいきません。どうしたらよいのでしょうか。

回答 XやYのような悪質業者は、建築確認の申請段階では、適法な工事を予定するようにみせかけて、建築確認の取得後に違法建築を早期に完成させ、さっさと売り抜けてしまいます。そこで、早急な手当てが必要になります。たとえば、行政事件訴訟として、建築確認が行われる前は差止め訴訟（88ページ）、建築確認が行われた後は取消訴訟（前ページ）を提起することが考えられます。これらは都道府県または市町村を被告として建築確認を争うものです。以下では、建築主を被告として建築行為を争うものを検討します。

　建築行為を争う法的手段としては、建築主Xを被告として、建築工事の差止めを求める民事訴訟を提起することを前提に、建築禁止の仮処分命令を裁判所に申し立てます。仮処分命令とは、暫定的に侵害行為を止めるように裁判所が命ずることです。これにより分譲住宅の建築を一時的にせよストップさせるのです。ただし、仮処分命令の申立てができるのは、相手方の行為によって権利を侵害される者です。したがって、町内会として申立てはできませんが、隣地の居住者であれば、違法建築によって日照権や通風権などが侵害されるとして、仮処分命令の申立てができるでしょう。仮処分の相手方は建築主Xと施工業者Yの両方です。仮処分命令の効果は相対的なので、建築主と施工

業者の双方を相手方としておく必要があります。

相談 私道の所有者から建築確認取消訴訟を提起された

Case 私は、自宅を新築するために建築確認申請をして、無事に確認がおりました。実は接道要件のクリアに苦心したのですが、公道と私の土地の間にあって公道と一体として使われているＡさんの私道も含めることでクリアしました。しかし、その後のＡさんは、自分の私道を勝手に道路として計算に加えるのは心外だとして、建築確認の取消しを求める訴訟を提起されてしまいました。Ａさんの訴えは認められるのでしょうか。

回答 建築基準法が、接道要件を満たすよう要求するのは、建築確認の対象になっている建築物やその敷地の防火・避難・安全を確保し、良好な住環境を維持するという公益を保護するためです。そのため、Ａさんの訴えは「この公益の保護以上にＡさん個人の利益を保護するために、建築確認を取り消してほしい」ということになります。

　ところで、行政事件訴訟法という法律の規定により、建築確認を含めた行政処分の取消訴訟を提起できるのは、訴えを提起する法律上の利益がある人に限られています。この法律上の利益がＡさんにあるかどうかを、前述の建築基準法の趣旨・目的を含めて検討すると、次のように考えられます。

　つまり、Ａさんは、問題の土地の所有者ですが、その土地は公道と一体となって使用されているにすぎませんので、単に所有または使用しているという利益しかありません。一方、建築基準法の趣旨・目的は、前述のように公益の保護にあります。このような事例に関する過去の裁判例では、Ａさんのような人に法律上の利益はなく、取消訴訟の提起が認められないと判断されています。

第２章　建築基準法のしくみ　　**91**

建築物の安全性をチェックする機関について知っておこう

指定された民間の事業者がチェックを担当する場合がある

● 指定確認検査機関について

　建築物の安全性を守るために、建築確認や検査（工事完了検査、中間検査）が必要であることは前述したとおりです。かつては、特定行政庁の建築主事だけが建築確認や検査を行っていました。しかし、建築技術の高度化、専門化が進んだことにより、建築主事だけが建築確認や検査を行うという状況に限界が見えてきました。

　そのため、1998年成立の建築基準法改正で、建築主事のみが行ってきた建築確認や検査を民間の事業者も行うための措置が講じられました。建築確認や検査ができる民間の事業者のことを指定確認検査機関といいます。指定確認検査機関は、審査能力を備えていることを前提に、公平中立な立場から建築確認や検査を行う必要があります。

　指定確認検査機関は、国土交通大臣または都道府県知事の指定を受けて建築確認や検査を行います。複数の都道府県で業務を行う場合には国土交通大臣の指定を受け、1つの都道府県だけで業務を行う場合には都道府県知事の指定を受けます。指定確認検査機関では確認検査員が業務を行います。確認検査員は、建築基準適合判定資格者検定に合格し、国土交通大臣の登録を受けた者の中から選任されます。

　なお、建築物の耐震偽装が問題となった際、指定確認検査機関の業務にも落ち度があったのではないかと指摘されたため、2006年成立の建築基準法改正により、都道府県知事や市町村長による指定確認検査機関への監督権限が強化された他、指定確認検査機関として指定を受けるための条件が厳しくなりました。一方、2015年からは仮使用認定を指定確認検査機関が行えるようになりました。

● 指定構造計算適合性判定機関

　構造計算適合性判定は、原則として都道府県知事が行うことになっています。その他に、都道府県知事以外に指定された民間の事業者も構造計算適合性判定を行うことができます。この構造計算適合性判定ができる民間の事業者を指定構造計算適合性判定機関といいます。かつては指定構造計算適合性判定機関の指定を都道府県知事のみが行うことになっていました。しかし、2015年施行の建築基準法改正で、都道府県知事に加えて国土交通大臣も指定構造計算適合性判定機関の指定を行うことができるようになっています。

　指定構造計算適合性判定機関は、構造計算適合性判定に関する全部または一部の業務を行いますが、その業務の一部のみを行った場合には、残りの業務は都道府県知事が行います。そして、構造計算適合性判定は、建築構造に対する専門知識をもった構造計算適合性判定員が担当します。

　なお、指定構造計算適合性判定機関が指定確認検査機関としての業務も行っている場合には、指定確認検査機関として行った確認検査に続いて構造計算適合性判定を行うことはできません。構造計算適合性

■ 指定確認検査機関のしくみ

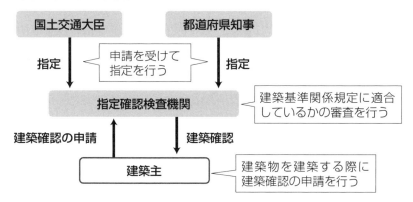

判定の第三者性、公正性を守るため、同じ建築物について確認検査と構造計算適合性判定の両方を行うことは禁止されています。

◉ 型式適合認定など

　型式とは、構造・設備・外形などによって分類される特定の型（モデル）のことです。たとえば、プレハブ住宅の建材や設備などは、違う建築物でも同じメーカーのものであれば、そのメーカーの工場で生産された同じ型式のものが量産されています。

　この場合、構造耐力、防火、避難などの一連の規定（構造上の基準その他の技術的基準）に適合することについて1回チェックが行われれば、個別に審査を行う必要性は低いといえます。そこで、国土交通大臣（指定認定機関が指定されている場合はその機関）による型式適合認定が行われています。型式適合認定を受けることで、建築確認や検査における一連の規定に関する審査・検査が省略され（認定を受けた型式に適合するかどうかの照合は行われる）、建築確認などにおける審査などが簡略化されます。

　型式適合認定の対象となるものは、大きく2つに分けることができます。ひとつは建築物に関連するもので、建築材料や主要構造部が該当します。もうひとつは建築設備のうち独立性が高いもので、防火設備、非常用の照明装置、給水タンク、避雷設備などが該当します。

　型式適合認定を受けたい場合には、国土交通大臣（指定認定機関が指定されている場合はその機関）に申請します。申請内容が一連の規定に合致していれば、型式適合認定を受けることができます。

　さらに、安定した品質の部材を製造する事業者は、型式部材等製造者の申請を国土交通大臣（指定認定機関が指定されている場合はその機関）に行い、認証を受けることができます。型式部材等製造者の認証を受けるためには、工場での製造設備や製品の品質管理方法などが適切であるのが必要です。この認証を受けることができた場合、型式

部材等を使用すれば建築確認、中間検査、完了検査の手続きを簡単に行うことができます。これにより、通常であれば必要な手続きを行わずに済ませることができ、事業者の負担が軽減されます。

また、耐火構造の認定、超高層建築物の構造安全性の認定などを構造方法等の認定といいます。建築材料や構造方法の性能に関する評価を基にして、構造方法等の認定が行われます。国土交通大臣は、技術面からの審査能力をもち、公平な審査の体制をもっている民間の事業者に対し、性能に関する評価を依頼することになります。この審査をクリアすれば、仕様規定に基づいて使われた材料や構造方法などと同様の性能を持つものと認められたことになります。

■ 型式適合認定の対象や申請方法

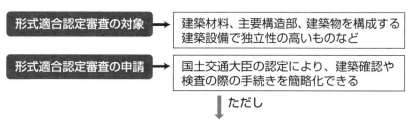

■ 構造方法等の認定

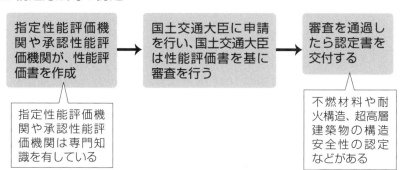

第2章 建築基準法のしくみ　95

建築物が建てられる面積について知っておこう

土地いっぱいに建築物を建てられるわけではない

● 建築基準法による面積の規制

自分の土地だからといって自由に建築物を建ててしまうと、地域が極端に高密度化して大火災の危険性が増したり、道路や上下水道などのインフラへの負荷が高くなってしまう事態が発生します。これらの事態を防ぐため、都市計画においては、敷地に対する建築物の密度を調整するため、建ぺい率（建ぺい率）や容積率といった敷地に対しての建築面積や延べ面積の制限を設けています。

● 建ぺい率の最高限度とその緩和措置

建築基準法は、都市計画で用途地域別に建ぺい率を定めて建築物の規模を制限することで、良好で安全な環境を維持しようとしています。建ぺい率とは、敷地面積に対する建築物の建築面積（74ページ）の割合のことです。建ぺい率を求める数式は「建ぺい率＝建築物の建築面積÷敷地面積」になります。建ぺい率が小さくなると、敷地内に空き地が多くなります。

建ぺい率の最高限度は、用途地域別に定められています（次ページ図）。ただし、同一の地域であっても、防火地域内の耐火建築物（同等以上の性能がある建築物を含む）、2019年6月施行の建築基準法改正で追加された準防火地域内の準耐火建築物（同等以上の性能がある建築物を含む）、特定行政庁が指定する角地の内にある建築物は、建ぺい率が通常よりも緩和されます（建ぺい率の緩和措置）。

また、巡査派出所、公衆便所、アーケードなど、公共のために利用する建築物の場合には、建ぺい率の制限が撤廃されます。

● 容積率の最高限度とその緩和措置

　延べ面積とは、建築物の各階の床面積の合計のことです。階数や建築物の高さとは関係がなく、すべての階の床面積を合計したものが延べ面積に該当します。そして、建築物の延べ面積の敷地面積に対する割合が容積率です。容積率を求める数式は「容積率＝延べ面積÷敷地面積」になります。建築物の容積率の最高限度についても、用途地域別に定められています（99ページ表）。

　一方、敷地に対して最も延べ面積を大きくした数値が最大延べ面積になります。最大延べ面積は「最大延べ面積＝敷地面積×容積率の最高限度」の数式で求めることができます。

　そして、容積率を算定する際には、建築物の一定部分の床面積を延べ面積に算入しないという容積率の緩和措置があります。この緩和措置によって、実際の床面積がより広くなるような建築物を建てることが可能になります。

　まず、自動車車庫など自動車を停留・駐車させるために用いる施設の場合には、その用途に用いる部分の床面積は、各階の床面積の合計の5分の1を限度として、延べ面積に算入しません。

　次に、建築物の地階で住宅または老人ホーム等（有料老人ホーム、特別養護老人ホーム、認知症高齢者グループホーム、障害者総合支援

■ 建ぺい率と容積率

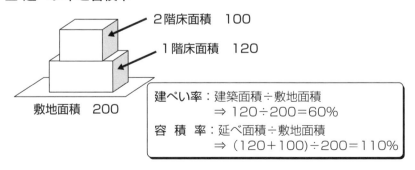

法に基づく福祉ホームなど）の用途に用いる部分の床面積は、その天井が地盤面からの高さ1m以内にある場合、住宅または老人ホーム等の用途に用いる部分の床面積の合計の3分の1を限度として、延べ面積に算入しません。

さらに、共同住宅または老人ホーム等の共用廊下や共用階段の床面積は、延べ面積に算入しません。老人ホーム等の緩和措置は、2018年9月施行の建築基準法改正で追加されたものです。また、建築物の用途を問わず、エレベーターの昇降路部分の床面積も、延べ面積に算入しません。

その他、災害備蓄用の倉庫、蓄電池、自家発電用設備を設置する部分や、宅配ボックスを設置する部分（2018年9月の建築基準法施行令改正により建築物の用途を問わなくなった）も、一定の割合で延べ面積に算入しないことにしています。

◉ 道路幅による容積率の制限

容積率の制限は、上記の用途地域などで定められた制限の他に、前面道路が12m未満である場合には、道路幅による制限もあります。前面道路の幅員のメートルの数値に、用途地域に応じて定められた一定

■ **特定道路に接続することによる容積率の緩和**

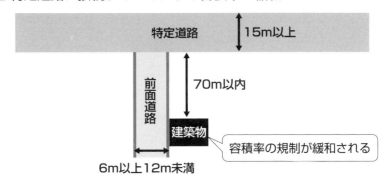

の割合を乗じた数値が容積率の最高限度となります。そして、上記の用途地域などで定められた最高限度の数値と、道路幅による制限で定められた最高限度の数値を比べて、より厳しい数値が実際に適用される容積率の最高限度になります。

■ 用地地域ごとの容積率 ···

> ① 第1種低層住居専用地域、第2種低層住居専用地域、田園住居地域内の建築物
> 　10分の5、10分の6、10分の8、10分の10、10分の15、10分の20のうち都市計画において定められた数値
>
> ② 第1種中高層住居専用地域、第2種中高層住居専用地域、第1種住居地域、第2種住居地域、準住居地域、近隣商業地域、準工業地域内の建築物
> 　10分の10、10分の15、10分の20、10分の30、10分の40、10分の50のうち都市計画において定められた数値
> 　（第1種住居地域、第2種住居地域、準住居地域、近隣商業地域、準工業地域のうち容積率が10分の40か10分の50と定められた地域は、高層住居誘導地区として指定されることがある。もし指定されていれば、建築物の住宅部分の床面積の合計が延べ面積の3分の2以上である場合、その住宅部分の割合に応じて容積率が引き上げられる）
>
> ③ 商業地域内の建築物
> 　10分の20、10分の30、10分の40、10分の50、10分の60、10の70、10分の80、10分の90、10分の100、10分の110、10分の120、10分の130のうち都市計画において定められた数値
>
> ④ 工業地域、工業専用地域内の建築物
> 　10分の10、10分の15、10分の20、10分の30、10分の40のうち都市計画において定められた数値
>
> ⑤ 用途地域の指定のない区域内の建築物
> 　10分の5、10分の8、10分の10、10分の20、10分の30、10分の40のうち、特定行政庁が土地利用の状況等を考慮して定めた数値

第2章　建築基準法のしくみ　99

ただし、建築物の前面道路の幅員が6m以上12m未満であり、その前面道路に沿って特定道路（幅員15m以上の道路のこと）に接続し、その建築物の敷地から特定道路までの距離が70m以内の場合には、容積率の規制が緩和されます（98ページ図）。具体的には、前面道路の幅員に一定の値を加えて（前面道路幅員の緩和）、容積率の最高限度を求めます。

　また、建築物の敷地が計画道路（新しく作ろうとする道路やその計画のこと）に接しており、特定行政庁が許可した建築物は、計画道路を前面道路とみなして容積率を計算することができます。この場合、計画道路がかかる部分の面積を敷地面積から除外します。

● 外壁を後退させるルールがある

　第1種低層住居専用地域、第2種低層住居専用地域、田園住居地域内において、都市計画の中で外壁の後退距離（建築物の外壁や柱の面から敷地境界線までの距離のこと）の限度が定められた場合には、原則として、外壁の後退距離はその限度以上とする必要があります。そして、都市計画において外壁の後退距離を定めるときは、その限度を境界線から1mまたは1.5mとする必要があります。

● 敷地面積の最低限度について規定がある

　建築物の敷地面積については、都市計画において用途地域ごとに建築物の敷地面積の最低限度を定めることができます。ただし、最低限度を定めるときは200㎡を超えてはなりません。ただし、以下のいずれかに該当する建築物の敷地については、敷地面積の最低限度の規制の対象から除外されています。

・建ぺい率の限度が10分の8とされている地域内で、防火地域内にある建物

・公衆便所、巡査派出所などの公益上必要な建物

100

・敷地の周囲に広い公園、広場、道路などの空き地がある建築物であって、特定行政庁が市街地の環境を悪化させるおそれがないと認めて許可した建物
・特定行政庁が用途上、構造上やむを得ないと認めて許可した建物

■ 用途地域ごとの建ぺい率制限 ·····················

地域区分		原則数値（％）	特 例	
			防火地域内の耐火建築物or準防火地域内の準防火建築物	特定行政庁の指定する角地の内の建築物
用途地域	第1種低層住居専用地域	30、40、50、60 ※1	＋10％	＋10％（防火地域内の耐火建築物or 準防火地域内の準耐火建築物で原則数値 80％の地域では加算されない）
	第2種低層住居専用地域			
	第1種中高層住居専用地域			
	第2種中高層住居専用地域			
	田園住居地域			
	第1種住居地域	50、60、80 ※1	＋10％（原則数値80％の地域では＋20％）※3	
	第2種住居地域			
	準住居地域			
	準工業地域			
	近隣商業地域	60、80 ※1		
	商業地域	80	＋20％ ※3	
	工業地域	50、60 ※1	＋10％	
	工業専用地域	30、40、50、60 ※1		
用途地域の指定のない区域		30、40、50、60、70 ※2		

※1 都市計画の中でいずれかの数値が定められる。
※2 特定行政庁が土地利用の状況等を考慮し区域を区分して、都道府県都市計画審議会の判断を経て、いずれかの数値が定められる
※3 原則数値が80％で、防火地域内の耐火建築物or準防火地域内の準耐火建築物は100％、つまり敷地いっぱいに建築が可能である。ただし建築のための足場のスペースなども考えると、建ぺい率100％は現実的ではない。

第2章　建築基準法のしくみ　**101**

12 建築物が建てられる高さについて知っておこう

建築物の高さにはいくつかの制限がある

● 高さの制限の概要と絶対高さの制限

　高さのある建築物が建築されると、日照や通風が阻害され、周囲の環境を悪化させるおそれがあります。そのため、建築基準法では建築物の高さを制限しています。まず、低層住居専用地域などでは絶対高さの制限があり、その高さを超える高さの建築物を建ててはいけないことになっています。さらに、建築物の日照や通風を確保するための道路斜線制限、北側斜線制限という高さの制限も存在します。

　その他、商業地域、工業地域、工業専用地域などを除いた地方自治体の条例で定める区域では、周囲の敷地に対して日影を作る時間を制限した日影制限という高さの制限も適用されます。

　絶対高さ制限とは、第1種低層住居専用地域、第2種低層住居専用地域、田園住居地域内において良好な住環境を保護するため、原則として、建築物の高さを10mまたは12mのうち都市計画で定められた数値を超えてはならないという高さの制限のことです。その他、地方自治体の条例で絶対高さの制限を設けている地域もあります。

● 道路斜線制限とは

　道路斜線は、採光や通風を確保するため、道路上空の建築物を建てられる部分を制限するというものです。次ページ図を例に考えてみましょう。まず、敷地と道路の境界線上（B）に、道路幅（4m）に対して1.25倍（商業系、工業系の地域では1.5倍）の長さの垂線を引きます。

　次に、この垂線の終点に向かって、道路の反対側の境界線上（A）から斜線を引きます。このとき、Bから引いた線の終点とAから引い

た斜線が交わる点をXとします。そうすると、ABXの三角形ができます。このAXの直線を上空に向かって延長した先をPとします。このAPの直線を道路斜線といい、容積率に応じて定められた距離の範囲内（下図では20m）にある建築物は、道路斜線よりも下に収まっていなければならない、というのが道路斜線制限です。この場合に基準となる容積率と、適用を受ける距離については、建築基準法別表第三に記載されています。

下図では、道路斜線から上空に突き出した部分（下図のOの部分）が制限を超えていることになります。

● 道路斜線制限の緩和措置

道路斜線制限については、以下の緩和措置が設けられています。

■ 道路斜線による制限の例

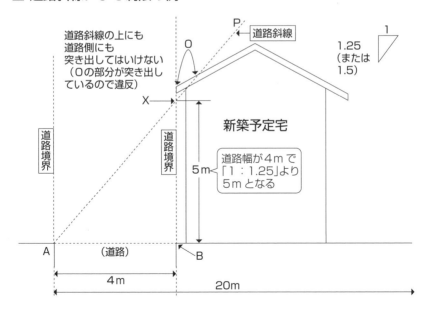

第2章　建築基準法のしくみ　103

① 　道路境界線から後退して建築物を建てる場合

　道路境界線から後退して建築物を建てた場合には、後退した距離の分だけ前面道路の反対側の境界線から離れたとみなし、道路の幅員に足すことができます。通常、後退した部分には建築物は建てられませんが、以下のものであれば、建築することができます。

・物置などで、軒の高さ2.3m以下、床面積の合計が５㎡以内などの条件を満たすもの
・ポーチなどで、高さ５m以下などの条件を満たすもの
・道路に沿って設けられる高さ２m以下などの条件を満たす門や塀
・隣地境界線に沿って設けられる門や塀
・歩廊、渡り廊下などで、特定行政庁がその地方の気候や風土の特殊性、土地の状況を考慮して建築基準法施行規則で定めたもの
・その他、前面道路の中心からの高さ1.2m以下のもの

② 　建築物の前面道路が２つ以上ある場合

　建築物の前面道路が２つ以上ある場合、すべての前面道路の幅員について、幅員がもっとも大きい前面道路と同じものとみなします。この緩和措置が適用される範囲は、以下のとおりです。

・幅員がもっとも大きい前面道路の境界線からの水平距離が、その前面道路の幅員の２倍以内であり、かつ水平距離が35m以内の部分
・その他、前面道路の中心線からの水平距離が10mを超える部分

③ 　その他の緩和措置

　前面道路の反対側に公園、広場、水面などがある場合には、前面道路の反対側の境界線は、公園、広場、水面などの反対側の境界線にあるものとみなします。

　また、建築物の敷地の地盤面が前面道路より１m以上高い場合には、その前面道路は、敷地の地盤面と前面道路との高低差から１mを引いた数値の２分の１だけ高い位置にあるものとみなします。

● 隣地斜線制限とは

　隣地間で近接した建築物の通風や日照を確保するための高さ制限として、隣地斜線制限があります。

　隣地斜線制限が適用される地域は、13種類の用途地域（135ページ）のうち、第1種低層住居専用地域、第2種低層住居専用地域、田園住居地域を除く10種類の地域です。第1種低層住居専用地域、第2種低層住居専用地域、田園住居地域に対して隣地斜線制限が適用されないのは、隣地斜線制限よりも厳しい絶対高さ制限（102ページ）が適用されるからです。

■ 隣地斜線制限のイメージ

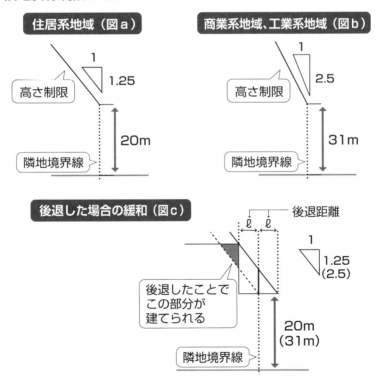

① 住居系地域の場合には、建築物の高さ20mを超える部分について、傾斜が1：2.5の斜線の範囲に収まるように建築しなければならない（前ページ図a）

② 商業系地域・工業系地域の場合には、建築物の高さ31mを超える部分について、傾斜が1：2.5の斜線の範囲に収まるように建築しなければならない（前ページ図b）

◉ 隣地斜線制限の緩和

　隣地境界線から後退して建築物を建てる場合には、隣地斜線制限が緩和されます。隣地境界線から後退したときは、後退した分だけ隣地境界線から離れた地点から斜線を立ち上げます。道路斜線制限の緩和と違うのは、建築物自体を隣地境界線から後退させなくても、住居系地域では20mを超える部分、商業系地域・工業系地域では31mを超える部分を隣地境界線から後退させれば、隣地斜線制限の緩和が受けられる点です（前ページ図c）。

　また、建築物の敷地が公園、広場、水面などに接する場合には、その公園、広場、水面に接する隣地境界線は、それらの幅の2分の1だけ外側にあるものとみなされます。つまり、公園、広場、水面の幅の2分の1の地点から斜線を立ち上げることができます。

　さらに、建築物の敷地の地盤面が、隣地の地盤面より1m以上低い場合には、その建築物の敷地の地盤面は、その高低差から1mを引いた数値の2分の1だけ、敷地の地盤面が高い位置にあるものとみなします。つまり、高低差から1mを引いた数値の2分の1の地点（緩和道路面）から、20mまたは31mを計算することができます。

◉ 北側斜線制限と緩和措置

　北側斜線制限とは、北側にある隣地の日照を確保するための建築物の高さ制限です。北側斜線制限があるのは、低層住居専用地域（第1

種・第2種低層住居専用地域、田園住居地域）と中高層住居専用地域（第1種・第2種中高層住居専用地域）です。

　低層住居専用地域の場合、真北方向の隣地境界線について、地盤面から5mの高さを起点に、傾斜が1：1.25の斜線の範囲に収まるように建築しなければなりません。中高層住居専用地域の場合、真北方向の隣地境界線について、地盤面から10mの高さを起点に、傾斜が1：1.25の斜線の範囲に収まるように建築しなければなりません（下図参照）。

　ただし、北側斜線制限にも緩和措置があります。まず、敷地の北側の前面道路の反対側に水面（河川など）、線路敷などがある場合や、敷地が水面、線路敷などに接する場合には、水面、線路敷などの幅の2分の1だけ外側に隣地境界線があるものとみなされます。隣地斜線制限の緩和措置と違って、公園や広場は含まれません。

　また、隣地斜線制限の緩和措置と似たものとして、敷地の地盤面が北側の隣地の地盤面より1m以上低い場合、その敷地の地盤面は、隣地との高低差から1mを引いた数値の2分の1だけ高い位置にあるものとみなされます。

■ 北側斜線制限のイメージ

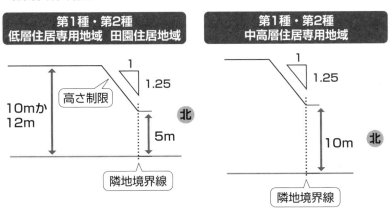

◉ 天空率による斜線制限の緩和

　天空率とは、ある地点からどれだけ天空が見込まれるかの割合を示したものです。建築基準法では、斜線制限（道路斜線制限、隣地斜線制限、北側斜線制限）の限度いっぱいに建てた建築物と、斜線を超えるスリムな高層建築物とを比較して、後者の方の天空率が多くなる場合には、斜線制限の目的である通風や採光が確保されたものとして、緩和措置が適用されます。

　天空率を利用すると、建築物が斜線制限を超える場合であっても、外観デザインや形状を変更せず、建築物を建築することが可能になります。これにより、斜線制限のために容積率を減らしたり、建築物の構造体への負担を増やしたりしなければならないといったデメリットを解消することができます。

◉ 日影による中高層建築物の高さの制限

　日影規制は、中高層建築物によって日影が生じる時間を制限し、周囲の敷地にある建築物が一定の日照時間を確保できるようにする規制です。日影規制は、建築物の形態を直接に規制するものではありませんが、建築物の周辺に生じる日影を規制することで、間接的に建築物の形態を規制しているといえます。

　日影規制については、商業地域、工業地域、工業専用地域、高層住居誘導地区、都市再生特別地区が対象外とされています。この対象外とされる区域を除いた区域のうち、地方自治体の条例で定める区域内に日影規制が適用されます。許容される日影時間の上限も、全国一律に適用されるものではなく、地方の気候や風土にあわせて、地方自治体の条例によって指定されます。

　なお、日影規制で基準となる日影は、冬至日に生じる日影です。冬至日は一年の中で最も日が短く、太陽の高さが低くなることで、影の長さが一年の中で最も長くなるからです。

13 建築設備について知っておこう

建築設備は換気設備やエレベーターなど多種多様である

● 建築設備とは

　建築基準法では、建築物そのものについて規定するだけでなく、建築物と一体となった建築設備についても規定しています。

　建築設備には、電気設備、ガス設備、給水設備、排水設備、換気設備、暖房設備、冷房設備、消火設備、排煙設備、汚物処理設備、煙突、昇降機（エレベーター、エスカレーター、小荷物専用昇降機）、避雷針（避雷設備）などがあります。

● 給水・排水に関する設備とは

　給水に関する設備とは、水道事業者の敷設した配水管から分岐して設置された給水管と、それに直結する給水用具をいいます。給水用具には、屋上に設置された受水槽や、揚水ポンプなどがあります。

　給水設備の水質の基準については水道法が詳しく規定している他、建築基準法では建築物内でそれらを安全かつ衛生的に供給できるように、主に配管についての規定が設けられています。また、給水の配管設備の構造や設置場所については、腐食防止のための措置や安全装置の設置などを行わなければなりません（112ページ）。

　排水には、雨水、便所からの屎尿排水である汚水、台所や浴室などから排出される雑排水があります。排水に関する設備とは、それらの排水に必要な排水管や溜めます（下水などを溜めておく設備のこと）などをいいます。排水の配管設備についても、給水の配管設備と同様に、その構造や設置場所に関する規制があります。

第2章　建築基準法のしくみ　**109**

● 便所についての規定

　便所には、採光と換気のために直接外気に接する窓を設置しなければなりません。ただし、水洗便所の場合は、その代わりとなる照明設備・換気設備を設置すればかまいません。

　くみ取り便所については、その構造上、①屎尿に接する部分から漏水しないこと、②屎尿の臭気が建築物の他の部分や屋外に漏れないこと、③便槽に雨水や土砂などが流入しないこと、の3点が必要です。

　その他、くみ取り便所の便槽は、井戸から5m以上離して設置しなければなりません。

● 浄化槽についての規定

　便所から排出する汚物を、終末処理場を有する公共下水道以外に放流しようとする場合は、屎尿浄化槽を設置しなければなりません。

　屎尿浄化槽や合併処理浄化槽（屎尿といっしょに雑排水を処理する浄化槽）については、汚物処理性能が規定されています。特定行政庁が指定する区域の区分と、処理対象人数に応じて、浄化槽による生物化学的酸素要求量（BOD）の除去率の下限値と、浄化槽からの放流水のBODの上限値とが定められています。

　また、屎尿浄化槽や合併処理浄化槽からの放流水に含まれる大腸菌群数が、1㎥あたり3000個以下まで低下しなければなりません。

　屎尿浄化槽や合併処理浄化槽は、満水にして24時間以上漏水しないことを確認する漏水検査を行わなければなりません。

● 換気設備や空気調和設備

　換気設備・空気調和設備には、自然換気設備、機械換気設備、中央管理方式の空気調和設備の3種類があります。

　自然換気設備とは、給気機や排気機のない換気設備のことで、開閉することができる一般的な窓も、自然換気設備として扱います。

機械換気設備とは、給気機または排気機を有する換気設備のことで、次の3種類があります。
① 給気機と排気機を有するもの
② 給気機と自然排気口を有するもの
③ 自然給気口と排気機を有するもの

中央管理方式の空気調和設備とは、中央管理室で建築物全体の空調を制御する換気設備のことです。中央管理室は、避難階（直接地上に通じる出入り口がある階のこと）に設置するか、その直上階または直下階に設置しなければなりません。

● 電気設備、避雷設備について

電気設備については、建築基準法は実質的な規定を設けていません。電気設備について細かく規定している電気事業法とそれに基づく命令の規定に従うことを要請する形になっています。

避雷設備については、周囲の状況から安全上支障がない場合を除き、高さ20m超の建築物には避雷設備の設置が必要です。その際、建築物の高さ20m超の部分を雷撃から保護するように設置します。設置する避雷設備は、雷撃により生じる電流を、建築物に被害を及ぼすことなく安全に地中に流すことができる構造でなければなりません。雨水などにより腐食の可能性のある避雷設備の部分は、腐食しにくい材料を

■ 便所の種類

処理区域（汚物を処理場で処理できる区域）内では下水管へ直接放流が可能だが（①）、処理区域外では下水管が敷設されていないため、いわば垂れ流しをしてはいけない（②一度浄化槽を通して河川や側溝へ放流することが必要）

用いるか、適切な腐食防止措置をとらなければなりません。

● ガス設備や配管設備について

　ガス設備とは、ガスを供給し、利用するための設備のことです。ガス用の配管設備も含まれます。

　建築物によっては、一定の基準を満たしたガス設備を備える必要があります。たとえば、3階以上の共同住宅の住居部分にガス漏れ警報設備がない場合、設置するガス栓については、ガスが過流出した場合に自動的にガスの流出を停止することができる機能を備えていることが必要とされています。

　配管設備については、給水管、排水管だけでなく、換気・空調設備の配管なども含め、これらの設置や構造については、主として次のような規制を遵守する必要があります。

①　コンクリートへの埋設などにより腐食する可能性のある部分には、腐食防止措置をとること

②　構造耐力上主要な部分を貫通して配管する場合は、建築物の構造耐力上問題が生じないようにすること

③　原則として、昇降機の昇降路内に設けないこと

④　飲料水の配管設備とその他の配管設備は直接連結させないこと

⑤　飲料水の配管設備は、漏水しないもの、配管設備から溶出する物質によって汚染されないもので、適切な凍結防止措置をとること

⑥　排水の配管設備は、適切な容量、傾斜、材質を有し、排水トラップや通気管などの衛生上の措置をとること

⑦　排水の配管設備の汚水に接する部分は、不浸透質の耐水材料で造ること

● 消防用設備等にはどんなものがあるのか

　消防用設備等については、建築基準法には実質的な規定がなく、消

防法が規定しています。

　消防用設備は、①消火設備、②警報設備、③避難設備の３種類に分けられます。①消火設備に該当するのは、消火器、水バケツ、水槽、乾燥砂、屋内消火栓設備、スプリンクラー設備、動力消防ポンプ設備などです。②警報設備に該当するのは、自動火災報知設備、ガス漏れ火災警報設備、漏電火災警報器、消防機関へ通報する火災報知設備、非常ベルなどです。③避難設備に該当するのは、すべり台、避難はしご、救助袋などの避難器具や、誘導灯、誘導標識などです。

　これら①～③の消防用設備に、④防火水槽や貯水池などの用水である消防用水と、⑤排煙設備、連結散水設備、連結送水管、非常コンセント設備、無線通信補助設備という消火活動上必要な設備を加えて、消防法では「消防用設備等」と名づけています。

■ 消防用設備等の種類 ……………………………………………………

消防のために用いる設備	消火設備	消火器、スプリンクラー設備	
	警報設備	自動火災報知機	
	避難設備	誘導標識、誘導灯、避難梯子	など
消防用水	防火水槽　貯水池		など
消火活動上必要な施設	・排煙設備 消防排煙と呼ばれ、迅速・円滑な消火活動を目的とする。建築基準法で設置義務が課せられる避難を目的とした排煙設備とは別個のもの ・連結散水設備 水を送り込むことでスプリンクラーのようなはたらきをする散水設備 ・連結送水管 送水用の配管。消防ポンプ車の送水管と連結する ・非常用コンセント設備 消火に必要な機材等の電力源。耐火性能が求められる		など

第２章　建築基準法のしくみ　**113**

14 居室の採光や換気等の規制について知っておこう

居室には採光と換気の基準が細かく定められている

● 居室とは

　建築基準法では、建築物内のあらゆる空間を「居室」と「居室でない部分」とに分けます。居室とは、居住、執務、作業、集会、娯楽などの目的のため、継続的に使用する部屋のことをいいます。

　居室の具体例を挙げると、住宅の場合は、居間、リビング、ダイニング、キッチン、寝室、応接間などが「居室」にあたります。一方、会社の場合は、オフィス、会議室などが、店舗の場合は、売場、事務室などが、学校の場合は、教室、職員室、体育館などが、それぞれ「居室」にあたります。

　これに対し、居室でない部分の具体例を挙げると、風呂、便所、玄関、廊下、階段、押入、ベランダ、倉庫、更衣室、屋内駐車場などが「居室でない部分」にあたります。

● 居室の採光とは

　人間が建物内で生活や作業などを行うためには、相応の明るさが必要です。明るさを得るためには、窓などの開口部による自然の採光による方法と、人工的な照明による方法があります。

　住宅、学校、病院、診療所、寄宿舎などの居室には、採光上有効な開口部（窓など）の設置が義務付けられています。つまり、各居室について採光上有効な開口部の設置が必要です。そして、開口部の面積については、「有効採光面積÷居室の床面積」の数値が有効採光率以上となるようにしなければなりません。たとえば、住宅、寄宿舎の居室の場合は、有効採光率が7分の1と定められているため、「有効採

114

光面積÷居室の床面積」の数値が7分の1以上となるように、各居室に採光上有効な開口部を設けることが必要です。

ただし、随時開放することが可能な開口部（ふすま、障子など）で仕切られた2つの居室は、1つの居室とみなすことができます。この例外に該当するときは、「有効採光面積÷2つの居室の床面積の合計」の数値が有効採光率以上となればよいことになります。

◉ 有効採光面積について

前述した「有効採光面積」は、「開口部の面積（窓枠を除いたガラス部分の有効面積）×採光補正係数」の計算式によって算出します。開口部が複数ある場合には、有効採光面積は、開口部ごとに算出した数値を合計したものになります。

そして、採光補正係数は「採光関係比率（d/h）」から計算します。その計算式は、以下のように用途地域により異なります。

① 住居系地域では、d/hに6.0を掛けたものから1.4を引いた数値

■ **有効採光面積と採光関係比率**

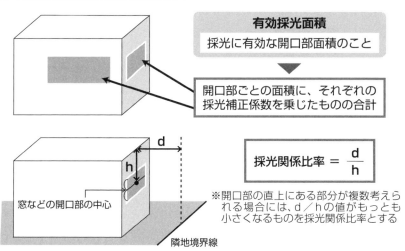

第2章 建築基準法のしくみ

② 工業系地域では、d/hに8.0を掛けたものから1.0を引いた数値

③ 商業系地域や用途地域の指定のない区域では、d/hに10.0を掛けたものから1.0を引いた数値

　ただし、天窓の採光補正係数は、①〜③で求めた数値に3.0を掛けた数値となります。また、外側に幅90cm以上の縁側（濡れ縁を除く）などがある開口部の採光補正係数は、①〜③で求めた数値に0.7を掛けた数値となります。

　採光補正係数は、その数値が3を超えた場合は「3」となります（上限値）。これに対し、採光補正係数の下限値は、開口部が道に面する場合は1.0、開口部が道に面していないが水平距離（d）が住居系地域は7m以上、工業系地域は5m以上、その他の地域は4m以上の場合も1.0、その他の場合は0（採光上有効な開口部として扱えない）となります。

　そして、「採光関係比率（d/h）」は、開口部の直上にある庇（日よけや雨よけ用の小型の屋根のこと）などの建築物の各部分から、その部分の面する隣地境界線や別の建築物などまでの「水平距離（d）」を、その部分から開口部の中心までの「垂直距離（h）」で割った数値の最小値になります（前ページ図）。なお、ここでの「隣地境界線」については、開口部が道に面する場合は、その道の反対側の境界線とし、公園、河川などの空き地や水面に面する場合は、空き地や水面の幅の2分の1だけ隣地境界線の外側にある線とします。

◉ 居室の換気とは

　人間が建築物内で継続的に生活や作業などを行うためには、空気の入れ換えが必要です。換気の方法としては、窓などの開口部による自然換気の方法と、換気設備による換気の方法とがあります。

　建築物の居室には、自然換気のための窓などの開口部を設けなければなりません。その際、自然換気に有効な部分の面積は、居室の床面

積の20分の１以上を必要とします。20分の１以上の面積の開口部を確
保できない場合には、後述する「換気設備の技術的基準」に従った換
気設備を設置しなければなりません。ここで「自然換気に有効な部分
の面積」は、引違い窓は枠を除いた窓全体の面積の２分の１、片開き
窓は枠を除いた窓全体の面積になります。

◉ 換気設備の技術的基準

　法的な設置義務が発生する換気設備に関する基準として、以下の
「換気設備の技術的基準」があります。

①　自然換気設備

　自然換気設備（機械を用いずに自然の通風や気圧差などによって換
気を行う換気設備のこと）では、排気筒の有効断面積の下限が定めら
れています。下限の値（㎡）は、「居室の床面積（Af）」（㎡）を250
で割った数値を、「給気口の中心から排気筒の頂部の外気に開放され
た部分の中心までの高さ（ｈ）」（ｍ）のルート（√）で割った数値で
掛けたものです。さらに、給気口と排気口の有効開口面積も、この計
算式で求めた数値が下限となります。

■ 換気の種類 ・・

換気の種類	
自然換気 （有効な開口部面積は床面積の 1/20 以上）	**設備による換気** （①自然換気設備　②機械換気設備 ③中央管理方式の空気調和設備）

> 劇場、映画館、演芸場、観覧場、公会堂、集会場の居室

➡機械換気設備・中央管理方式の空気調和設備での換気が必要

> 調理室、浴室などの室でかまどやコンロ、その他火を使用する
> 設備または器具を設けた室

➡火気使用室の基準を満たした設備での換気が必要

第２章　建築基準法のしくみ　**117**

$$A v \text{(排気筒の有効断面積)} \geqq A f \text{(居室の床面積)} \div 250 \sqrt{h}$$

② 機械換気設備

機械換気設備では、有効換気量の下限が定められています。下限の値（㎥）は、「居室の床面積」（㎡）を「実況に応じた1人当たりの占有面積（N）」（㎡）で割った数値に20を掛けたものです。ただし、Nの値は、特殊建築物（65ページ）の居室では最大で3（㎡）とし、特殊建築物以外の建築物の居室では最大で10（㎡）とします。

$$V \text{(有効換気量)} \geqq 20 A f \text{(居室の床面積)} \div N \text{(実況に応じた1人当たりの占有面積)}$$

③ 中央管理方式の空気調和設備

中央管理方式の空気調和設備（111ページ）では、衛生上有効な換気を確保することができる構造方法を用いなければなりません。

④ その他の換気設備

換気設備が①～③以外の構造である場合には、二酸化炭素の含有率をおおむね100万分の1000（＝1000ppm）以下に保つ、一酸化炭素の含有率をおおむね100万分の10（＝10ppm）以下に保つ、給気口や排気口から有害なもの（雨水、ねずみ、ほこりなど）が入らないようにする、といった基準を満たすことが必要です。

● 火気使用室の換気設備

調理室や浴室など火を使用する設備・器具を設置する室（火気使用室）は、居室ではありませんが「換気設備の技術的基準」に従った換気設備の設置が必要です。具体的には、火を使用する設備・器具の通常の使用状態において、室内の酸素の含有率を約20.5%以上に保つ換

気ができる換気設備を設置するか、または主として以下のような基準を満たす換気設備を設置しなければなりません。

① 給気口は、調理室などの天井の高さの2分の1以下の高さの位置（煙突または換気扇などを設置する場合は適当な位置）に設ける

② 排気口は、調理室などの天井または天井から下方80cm以内の高さの位置（煙突や排気フードを有する排気筒を設ける場合は適当な位置）に設ける

③ 排気口は、換気扇などを設けるか、排気上有効な立ち上がり部分を有する排気筒に直結させる

④ ふろがま、または発熱量12kw超の火を使用する設備・器具に接続して、煙突を設ける（例外として排気フードを有する排気筒が認められている）

⑤ 給気口・排気口の有効開口面積、給気筒・排気筒・煙突の有効断面積、換気扇の有効換気量などについて、国土交通大臣が定める下限値に従う

　その他、排気口・排気筒・煙突については、もとの部屋に廃ガスなどを逆流させず、他の部屋に廃ガスなどを漏らさないような構造でなければなりません。また、火を使用する設備・器具の近くに設置される排気フードつきの排気筒の排気フードは、不燃材料で造られたものでなければなりません。

　ただし、密閉式燃焼器具等（直接屋外から空気を取り入れ、廃ガスなどを直接屋外に排出などするもの）以外に、火を使用する設備・器具を設置していない部屋にあてはまる場合など、例外的に換気設備の設置義務が発生しないこともあります。

◉ 換気設備の一般的な技術的基準

　前述した火気使用室（調理室など）を除いた建築物に換気設備を設置する場合には、それが法的に設置義務のある換気設備でなくても、

第2章　建築基準法のしくみ　　**119**

以下の点を遵守した構造としなければなりません。これに対し、法的に設置義務のある火気使用室を除いた場所に設置する換気設備の場合には、前述した「換気設備の技術的基準」に加えて、以下の点も遵守することが必要です。

① 自然換気設備を設ける場合

給気口は居室の天井の高さの2分の1の高さより下の位置に設置すること、排気口は給気口より高い位置に設置すること、給気口は直接外気に常時開放されていること、排気口は排気筒を通じて外気に常時開放されていること、給気口・排気口・排気筒の頂部に雨水・ねずみ・虫・ほこりなどを防ぐための設備を設けること、といった基準を遵守することが必要とされています。

② 機械換気設備を設ける場合

給気口や排気口の位置・構造が、居室内の空間における空気の分布を均等にするもので、かつ、著しく局部的な空気の流れを生じさせないものであることなどが必要とされています。

③ 中央管理方式の空気調和設備の場合

空気を浄化したり、空気の温度・湿度や流量を調節したりして供給する性能に関して、主として以下のような基準を遵守することが必要とされています。

・浮遊粉じんの量は空気1㎥につき0.15mg以下
・一酸化炭素の含有率は0.001%以下
・二酸化炭素（炭酸ガス）の含有率は0.1%以下
・温度は17℃以上28℃以下で、居室内の温度を外気温より低くする
　場合は、その差を著しくはしない

15 居室の天井・床・界壁・地階についての規定を知っておこう

天井や床の高さなども規定されている

● 居室の天井の高さについての制限

　天井が低いと圧迫感がありますし、採光や換気のための窓を十分に確保できなくなります。建築基準法では、居室の天井の高さを2.1m以上にしなければならないと規定しています。ここでいう「天井の高さ」は、居室の床面から天井までの高さになります。

　ただし、天井が傾斜しているなど、一室で天井の高さの異なる部分がある場合は、その平均の高さを天井の高さとします。つまり、居室の全容積を居室の床面積で割った数値が天井の高さになります。

　そして、脱落によって重大な危害を生じさせるおそれのある特定天井（天井高さが6m超で200㎡以上の吊り天井など）は、構造耐力上安全なものとして定められた構造方法をとることや、腐食などの劣化を防止する措置をとることが必要です。

● 床の高さについて

　日本は湿気が強いので、特に木造建築の床下は、ある程度の高さを保つようにする必要があります。そこで、建築基準法では、木造建築の床の高さと防湿方法を規定しています。具体的には、1階の居室の床が木造の場合、床の高さは、その真下の地面から床の上面まで45cm以上としなければなりません。また、外壁の床下部分には、壁の長さ5m以下ごとに、ねずみの侵入防止措置をとった面積300㎡以上の換気孔を作らなければなりません。ただし、床下をコンクリートなどで覆う場合や、1階の居室の床の構造が地面から発生する水蒸気で腐食しないものである場合は、上記の規定の適用が除外されます。

第2章　建築基準法のしくみ　**121**

◉ 長屋、共同住宅の各戸の界壁について

　長屋（テラスハウスなど）または共同住宅（マンション、アパートなど）では、隣の住戸（住居）との間の壁を通じて、隣の住居の音が漏れ聞こえてくることが起こり得ます。そこで、建築基準法では、長屋または共同住宅の各戸（各住居）の界壁（住戸の間を仕切る壁や床のこと）に関する規定を置いています。

　具体的には、長屋または共同住宅の各戸の界壁は、準耐火構造にするともに、天井を超えて小屋裏または天井裏にまで達するものでなければなりません。さらに、界壁の構造を遮音性能に関して一定の技術的基準に適合することなどが必要です。

　ただし、2019年6月施行の建築基準法改正で、長屋または共同住宅の「天井」の構造が、遮音性能に関して一定の技術的基準に適合するなどしている場合には、当該住戸の界壁を小屋裏または天井裏に達するものとしなくてもよいという例外が設けられました。

◉ 界壁の遮音構造

　長屋または共同住宅の各戸の界壁の遮音構造については「透過損失」という指標で測ります。

　透過損失とは、その壁に入射した音の大きさと、その壁を透過して隣の住居・部屋へと届いた音の大きさとの差を意味し、単位はデシベル（dB）で表します。たとえば、隣室で80dBだった音が壁を通過して60dBの音になれば、その壁の遮音性能は20dBとなります。界壁の透過損失については、振動数が125Hzの音で25dB以上、500Hzの音で40dB以上、2000Hzの音で50dB以上と定められています。

　さらに、界壁の構造に関しては、遮音性能を有するための構造方法が規定されています。

　建設省告示「遮音性能を有する長屋又は共同住宅の界壁の構造方法を定める件」によると、下地等（間柱および胴縁その他の下地）のな

い界壁の構造方法は、たとえば、①厚さ10cm以上の鉄筋コンクリート造、鉄骨鉄筋コンクリート造、鉄骨コンクリート造、②肉厚と仕上材料の厚さの合計が10cm以上のコンクリートブロック造、無筋コンクリート造、レンガ造、石造、③厚さが7cm以上の土塗真壁造、などであることが要求されています。

これに対し、下地等のある界壁の構造方法は、たとえば、④鉄網モルタル塗または木ずりしっくい塗で、厚さを2cm以上の両面仕上げとした、全体の厚さが13cm以上の大壁造、⑤仕上材料の厚さを含まない界壁の厚さが10cm以上で、その内部に厚さが2.5cm以上のグラスウールまたはロックウールを張ったもの、などであることが要求されています。

● 地階にはどんな措置が必要になるのか

地階では湿気が多くなるため、適切な防湿措置を施さないと、カビが繁殖するなどして人の生活に好ましくない空間になります。地階には水が浸透してくる可能性もあるので、適切な防水措置もとらなければなりません。そこで、地階にある住宅等の居室（地階にある住宅の

■ 天井高と床の高さ

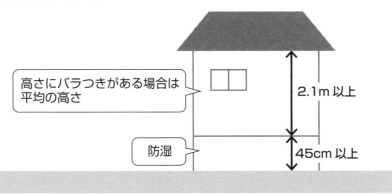

居室、学校の教室、病院の病室、寄宿舎の寝室）について、壁や床などの防湿措置、防水措置が定められています。

防湿措置については、①からぼり（地面を掘り下げて造るドライエリアのこと）などに面する開口部、②換気設備、③室内の湿度を調節する設備のいずれかを設置しなければなりません。からぼりは、地階にある住宅等の居室が面する土地の部分を掘り下げて造りますが、以下の基準が定められています。

ⓐ　からぼりの底面は当該居室の開口部より低い位置にある

ⓑ　雨水を排水するための設備が設置されている

ⓒ　からぼりの上部は外気に開放されている

ⓓ　当該居室の外壁からからぼりの周壁までの水平距離は、開口部からの高さ（開口部の下端からからぼりの上端までの垂直距離のこと）の10分の4以上であり、かつ、1m以上である

ⓔ　ⓓの水平距離の基準に適合する部分の当該居室の壁に沿った水平方向の長さは、開口部からの高さ以上であり、かつ、2m以上である

防水措置については、直接土に接する外壁等（外壁・床・屋根またはこれらの部分のこと）の構造が、次のいずれかに適合することが必要です。

㋑　水の浸透を防止するための防水層を設ける

㋺　外壁または床の場合は、直接土に接する部分を耐水材料で造り、かつ、直接土に接する部分と居室に面する部分との間に、居室内への水の浸透を防止するための空隙（その空隙に浸透した水を有効に排出する排水設備が設置されている場合に限る）を設ける

なお、外壁等の常水面以上の部分については、「耐水材料で造り、かつ、材料の接合部及びコンクリートの打継ぎをする部分に防水の措置を講ずる」という方法も認められており、この場合には、防水措置に関する上記のⓐⓑを設けなくてもかまいません。

16 階段について知っておこう

階段は幅や1段の高さなどが規定されている

● 階段についての規定

　建築基準法では階段について、避難階段に関する規定の他に、一般構造としての規定を設けています。一般構造としての規定には、階段や踊り場の幅、階段の1段ごとの高さや奥行、階段の踊り場や手すりの位置といった規定があります。階段は幅が広い方が安全であり、勾配が緩やかな方が安全ですので、階段の用途ごとに、階段や踊り場の幅の下限値、けあげ（階段の1段の高さ）の上限値、踏面（ふみづら。階段の1段分の奥行に相当する長さのことで、蹴込みを作れば実際の奥行は踏面の寸法より長くできる）の下限値が定められています。

①　小学校の児童用の階段は、幅の下限値が140cm、けあげの上限値が16cm、踏面の下限値が26cm

②　中学校、高等学校などの生徒用の階段、床面積1,500㎡超の物品販売業店舗の客用の階段、劇場・映画館・演芸場・観覧場・公会堂・集会場などの客用の階段は、幅の下限値が140cm、けあげの上限値が18cm、踏面の下限値が26cm

③　直上階の居室の床面積の合計が200㎡超の地上階の階段や、居室の床面積の合計が100㎡超の地階の階段は、幅の下限値が120cm、けあげの上限値が20cm、踏面の下限値が24cm

④　①〜③以外および住宅以外の階段は、幅の下限値が75cm、けあげの上限値が22cm、踏面の下限値が21cm

⑤　住宅の階段（共同住宅の共用階段は除く）は、幅の下限値が75cm、けあげが23cm以下、踏面が15cm以上

　①〜⑤に該当する場合であっても、避難用の直通階段である屋外階

第2章　建築基準法のしくみ　125

段は幅90cm以上、避難用の直通階段ではない屋外階段は幅60cm以上あればかまいません。なお、回り階段の踏面寸法は、踏面の狭い方から30cmの位置で測定します。そして、階段や踊り場に高さ50cm以下の手すり等が設置された場合は、実際の階段や踊り場の幅から手すり等の幅（10cmを上限とする）を引いた数値を、階段や踊り場の幅とみなします。

● 踊り場についての規定

前述の①②の階段では、階段の高さが3m超の場合は、高さ3m以内ごとに踊り場を設置しなければなりません。それ以外の階段では、階段の高さが4m超の場合に、高さ4m以内ごとに踊り場を設置しなければなりません。それらの踊り場の踏幅（1段分の奥行に相当する長さ）は、直階段（踊り場でおり返さないまっすぐな階段）の場合で、1.2m以上でなければなりません。

● 手すりについての規定

階段には手すりを設置しなければなりません。また、階段や踊り場の両側（手すりが設けられた側を除く）には、側壁またはこれに代わるものを設置しなければなりません。けあげが15cm以下で、踏面が30cm以上の場合を除き、幅が3mを超える階段には、階段の中間にも手すりを設置しなければなりません。ただし、これらの手すりに関する規定は、高さ1m以下の階段の部分には適用されません。

● 傾斜路についての規定

階段の代わりに傾斜路を設置する場合は、勾配を8分の1以下とし、表面は粗面にするか、すべりにくい材料によって仕上げなければなりません。また、一般構造としての階段の規定は、けあげと踏面に関する部分を除き、傾斜路にもそのまま準用します。

■ 階段の寸法

	階段の種類	階段および踊場の幅(cm)	けあげ(cm)	踏面(cm)	踊場位置(cm)
1	小学校の児童用	140以上	16以下	26以上	高さ3m以内ごと
2	中学校、高等学校、中等教育学校の生徒用 劇場、映画館、公会堂、集会場等の客用 物販店舗（物品加工修理業を含む）で床面積の合計が1,500㎡を超える客用	140以上	18以下	26以上	高さ3m以内ごと
3	直上階の居室の床面積の合計が200㎡を超える地上階用	120以上	20以下	24以上	高さ4m以内ごと
	居室の床面積の合計が100㎡を超える地階、地下工作物内におけるもの				
4	1～3以外および住宅以外の階段	75以上	22以下	21以上	高さ4m以内ごと
5	住宅（共同住宅の共用階段を除く）	75以上	23以下	15以上	
6	屋外階段	直通階段（建築基準法施行令第120条、第121条）	階段の幅のみ90以上	踊場の幅、けあげ、踏面、踊場の位置はそれぞれ1～5の数値による（4、5の場合は直階段であっても、75cm以上でよい）。
		その他の階段	階段の幅のみ60以上	

① 回り階段の踏面寸法は踏面の狭い方から30cmの位置で測る。
② 階段および踊場に設ける手すり、階段昇降機のレールなど（手すり等）で高さが50cm以下のものは、幅10cmまではないものとして、階段および踊場の幅を算定する。
③ 直階段の踊場の踏幅120cm以上とする。

■ 踊り場の位置と踏面寸法

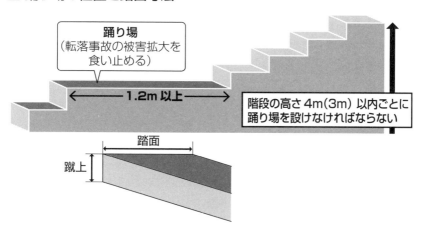

17 増改築について知っておこう

建築確認が必要になる場合があることに注意する

● 増改築とは

　増築とは、新たに部屋を建て増す場合のように、既存の建築物に新たな部分を付属させることをいいます。改築とは、建築物の一部を取り壊して、その部分を新たに造り直すことをいいます。この増築と改築をあわせて増改築といいます。

　増改築は模様替えとは異なります。模様替えは、元の建築物の形状を生かして内部を改装するといった工事を指しますが、増改築の場合は、建築物全体の構造が変更されます。さらに、増改築は修繕とも異なります。修繕は、既存の建築物を維持するための工事ですが、増改築の場合は、既存の建築物に新たな部分が加えられます。

● 建築確認が必要になる場合

　建築物が建てられてから長期間が経過すると、増改築が計画されることがありますが、増改築に対しては建築基準関係規定による規制があります。建築物の増改築を行うと、元々あった建築物とは異なる構造の建築物が出来上がります。そのため、当初建築物が完成した時点では適法な建築物であったとしても、増改築を行ったことで建築基準関係規定に違反する建築物となる可能性があります。

　そこで、増改築を行うことで建築物が一定規模以上の大きさになる場合には、建築確認の取得が必要とされています。ここで「一定規模以上」とは、階数3以上の木造建築物、床面積500㎡以上の木造建築物、高さ13m超の木造建築物、階数2以上の木造以外の建築物、床面積200㎡超の特殊建築物などをいいます（80ページ図）。

● 建築基準関連規定による制限がある

　建築物を増築するときは、建築基準法をはじめとする建築基準関連規定の制限が適用されます。たとえば、平屋に2階部分を増築する場合には、建ぺい率や容積率の確認が必要です。2階部分に設置する屋根や庇（ひさし）なども、自身の敷地をこえて隣地や道路に出ることは許されません。さらに、高さ制限もかかってきます。高さ制限は、構造種別、用途地域、道路による制限があります。平屋建ての自宅の場合は、住居系の用途地域であると予想されますが、その場合、特に道路による制限に注意してください。

　よく問題になるのは道路斜線制限です（102ページ）。前面道路の反対側境界線を起点として建築物の方向に一定勾配の斜線を引き、建築物の高さはその斜線の範囲（下）に納めなければならないという制限です。用途地域によって「一定勾配」は違いますが、住宅系地域では1.25倍、商業系地域・工業系地域では1.5倍となります。そのため、2階部分の増築では、その屋根やひさしの高さは6m程度にまでに制限されます。ですから、前面道路の幅員が4mだと、敷地いっぱいには増築できません。ただし、既存建物が前面道路から後退している場合は、道路斜線制限の緩和措置があります。その他、各地方公共団体の条例でも高さや景観などに制限を設けていますので、関係機関や専門家に確認することをお勧めします。

● その他の制限

　所有権を制限する他の権利がある場合、増築は制限を受けることがあります。たとえば、公道までの通路が狭くて不便なため、隣地同士で土地を出し合い、公道への通路の拡幅をしている場合、一方の人が自宅を増築し、共同で作った通路にまで建物を建てたときに、他方の人から損害賠償請求などを受ける可能性があります。

第2章　建築基準法のしくみ　**129**

相談 隣地を通行するときの道路の幅はどのくらい認められるのか

Case 自宅は私有地に囲まれ、公道に出るためには隣家の土地を通らなければなりません。先日、隣家が、増築のためこの通路を狭くすると言ってきました。どの程度までこれを認めなければならないのでしょうか。

回答 相談者が通路として使用していた権限が、通行地役権や賃貸借などの契約による場合は、契約書に通路の幅員に関する記載があればそれにより、なければ契約の目的などから解釈して協議します。契約によらない場合も、相談者が自ら通路を開設していたのであれば、通行地役権を時効によって取得できる可能性があります。通行地役権の時効取得のときは、通路としての利用の実態を考慮して幅員が決定されますが、通行の目的を達するのに必要で、隣地所有者の制限が最小の方法に限られることになると考えられます。

　私有地に囲まれていることから、契約や時効取得がなくても当然発生する袋地通行権（囲繞地通行権）も考えられます。民法では、袋地通行権による通路の通行は、通行権者（相談者）に必要で、囲繞地（隣地所有者）の損害が最小になるよう求めていますから、人が通行できる幅員は認められますが、それを超える自動車通行などの場合は別途問題となります。相談者の必要性だけではなく、利用状況や目的、社会経済的な必要性や、双方の利害の得失、合意や地域慣行の有無なども含めて判断されます。過去の裁判例からは、既存通路の幅員の範囲で1～2m程度といえるでしょう。

　この他、建築基準法では、建築物の敷地は、建築基準法上の道路に2m以上接しなければならないと規定されています。この要件を満たすために、一定の通路の幅員を確保することが認められる場合があります。

第3章

用途地域・防火地域の法律知識

建築物を建ててよい土地かどうかを確認する

都市整備のため建築物を建てられない地域もある

● 都市計画区域とは

　気に入った土地を選んで、そこに家を建てようとする場合、その土地がある地域で家を建てられるのかを確認する必要があります。たとえ建てられるとしても、家の大きさや用途に制限がないかを確認することも必要です。これらの制限は、地方自治体の都市計画課に備え置かれている都市計画図で確認することができます。

　都市計画図では、特に都市計画区域に注目します。都市計画区域とは、まとまりのある都市として開発・整備をしていこうとしている地域のことです。たとえば、住宅密集地に巨大なショッピングセンターや工場などが建たないように規制をしているのです。

　都市計画区域は、大きく「市街化区域」と「市街化調整区域」の2種類に分けられます。市街化区域とは、既に市街地を形成している区域および10年程度を目安にして積極的に市街化を図ろうとしている区域です。これに対して、市街化調整区域とは、当面は市街化を抑制すべき区域です。なお、都市計画区域のうち、市街化調整区域にも市街化調整区域にも区分されていない区域は「非線引区域」といいます。非線引区域は白地地域と呼ばれることもあります。

● 市街化区域と市街化調整区域

　建築物を建てようとしているのが市街化区域に該当する場合は、どのような建築物を建てられるか、後述する用途地域（134ページ）などを確認します。一方、市街化調整区域に該当する場合は、原則として建築物を建てること自体ができないことに注意を要します。長期的

な都市計画の観点から、市街化調整区域では、通常の住宅・商店・事務所などの建築を原則禁止し、市街化を抑制しているからです。

● 市街化調整区域の例外

　市街化調整区域であっても建築物を建てられる場合があります。おおむね50戸以上の住宅が密集している地区が、市街化区域に隣接または近接しており、市街化区域と一体的な日常生活圏を構成している場合には、開発許可を得ることを条件に、通常の住宅を建てられるという制度があります。これを「50戸連たん制度」といいます。

　また、農業、林業、漁業といった第一次産業に従事する人が生活上使用する建築物を建てることまで、全面的に禁止されるわけではありません。その他、2000年成立の都市計画法施行前は「既存宅地」といって、市街化調整区域の指定前から宅地であったと地方自治体から確認を受けた土地への住宅の建築を認めていました。現在も地方自治体の条例で既存宅地の制度を残している場合があります。

　ただし、これらの例外事由に該当するか否かの判定については、専門的な知識が必要です。また、開発許可申請の提出も必要となりますので、必ず事前に地方自治体の窓口で確認することをお勧めします。

■ 都市計画区域の分類

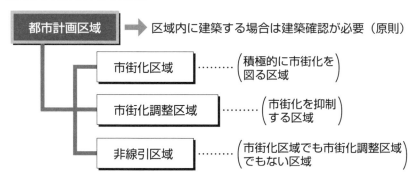

2 用途地域について知っておこう

土地の用途が決められている場合がある

● 用途地域とは

　用途地域は市街化区域内に設けられる地域のことで、都市計画法によって13の地域に分けています（次ページ図）。用途地域は、大きく住居系、商業系、工業系の３つに分類されます。この用途地域と建築基準法などを連動させ、それぞれの地域の目的に応じた建築などの規制を行って、快適な都市空間を構築しようとしています。

● 住居系の用途地域

　住居系の用途地域にあたるのは、（第１種・第２種）低層住居専用

■ 都市計画法と建築基準法

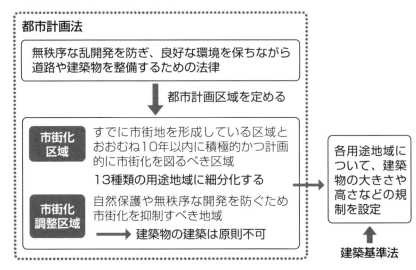

地域、田園住居地域、（第１種・第２種）中高層住居専用地域、（第１種・第２種）住居地域、準住居地域の８つです。

・（第１種・第２種）低層住居専用地域、田園住居地域

　低層住居専用地域や田園住居地域は、用途地域の中で最も良好な住環境をめざすものです。建ぺい率、容積率、建築物の高さなどについて、非常に厳格な規制が設けられています。特に絶対高さの制限（102ページ）が及ぶことが重要です。

■ 用途地域の概略 ……………………………………………………

	用途地域の種類	地域特性
住居系	①第１種低層住居専用地域	低層住宅に係る良好な住居の環境を保護するため定める地域
	②第２種低層住居専用地域	主として低層住宅に係る良好な住居の環境を保護するため定める地域
	③田園住居地域	農業の利便の増進を図りつつ、これと調和した低層住宅に係る良好な住居の環境を保護するため定める地域
	④第１種中高層住居専用地域	中高層住宅に係る良好な住居の環境を保護するため定める地域
	⑤第２種中高層住居専用地域	主として中高層住宅に係る良好な住居の環境を保護するため定める地域
	⑥第１種住居地域	住居の環境を保護するため定める地域
	⑦第２種住居地域	主として住居の環境を保護するため定める地域
	⑧準住居地域	道路の沿道としての地域の特性にふさわしい業務の利便の増進を図りつつ、これと調和した住居の環境を保護するため定める地域
商業系	⑨近隣商業地域	近隣の住宅地の住民に対する日用品の供給を行うことを主たる内容とする商業その他の業務の利便を増進するため定める地域
	⑩商業地域	主として商業その他の業務の利便を増進するため定める地域
工業系	⑪準工業地域	主として環境の悪化をもたらすおそれのない工業の利便を増進するため定める地域
	⑫工業地域	主として工業の利便を増進するため定める地域
	⑬工業専用地域	工業の利便を増進するため定める地域

第３章　用途地域・防火地域の法律知識　**135**

第１種低層住居専用地域では、住居の他は、住居を兼ねた小規模店舗、小中学校、高校、老人ホーム、保育所、宗教施設、診療所など以外は建築できません。第２種低層住居専用地域では、第１種で建築できるものに加え、２階建て以下で延べ面積（各階の床面積の合計）が150㎡以下の小規模店舗の建築が許容されます。そして、2018年に創設された田園住居地域では、農業の利便確保も目的とするので、第２種で建築できるものに加え、農産物の生産・集荷・処理の施設などの建築が可能です。

・（第１種・第２種）中高層住居専用地域

　中高層住居専用地域は中高層住宅の良好な住環境を守るための地域です。絶対高さの制限がないので、容積率によっては４階以上のマンションなどが建てられます。第１種と第２種の違いは、住居以外に建築できる建築物の種類、広さ、階数の違いです。第２種では３階以上または1500㎡超でなければ、住環境への影響の大きな用途以外に供させる建築物はたいてい建てられます。

・（第１種・第２種）住居地域、準住居地域

　住居地域は、住居専用地域と同じく住環境の保護のために設定される地域ですが、商業用建物の混在も予定している点が異なります。

　第１種では、商業施設の建設への配慮から、住居専用地域よりも容積率が緩和されています。ただし、店舗や事務所などの商業系の用途の広さは3000㎡以下に限られ、パチンコ店などは禁止されます。第２種では、店舗や事務所の広さの制限は１万㎡以下となり、第１種では建てられないパチンコ店や麻雀店なども建てられます。

　準住居地域では、さらに商業系への配慮が強くなります。幹線道路の沿道などが準住居地域に指定されていることもあり、店舗や事務所の用途による建築はかなり自由に認められますが、キャバレーや風俗系の用途は禁止されています。また、劇場、映画館、演芸場などの用途は、客席部分が200㎡未満であれば建てられます。

● 商業系の用途地域

　商業系の用途地域は、商業地域、近隣商業地域の2つです。どちらの地域も、住居などを含め、たいていの用途は建てられます。しかし、危険性や環境を悪化させるおそれが少なくない工場や、作業場の床面積が150㎡超の工場は建てられません。

　商業地域は、主に商業などの地域的発展をめざす地域で、都心や主要駅周辺を中心とした地域に指定されます。多くの人を顧客として受け入れるのを予定している地域といえます。商業地域では、客席部分が200㎡超の映画館、劇場、演芸場などの用途や、風俗系の用途も建てられます。

　近隣商業地域は、近隣に住む住民の日常生活の需要に応える商業その他の業務の発展をめざす地域です。バス通り沿いの停車場（バス停）をメインにして道路の両側それぞれ20mの範囲の商店街を指定するなど、細長い地域を指定するのが多いのが特徴です。住民の日常的な需要に応える地域なので、風俗系の用途は建てられません。

● 工業系の用途地域

　工業系の用途地域は、準工業地域、工業地域、工業専用地域の3つです。工業に関係しない用途の建築を制限する傾向があります。

　準工業地域は、主に軽工業などの環境悪化のおそれの少ない工業の発展を図ることを目的とした地域であるため、工場だけでなく、住宅、集合住宅、商業店舗が混在している場合が多いといえます。都市部周辺では、撤退した工場、店舗などの跡地に中高層マンションが建築され、マンション地帯の様相を呈している地域が増えています。

　工業地域は、主に工業の発展を図るための地域です。住宅、共同住宅の建築は可能ですが、学校、病院、ホテルといった施設を建築することはできません。

　工業専用地域は、工業地域よりもさらに工業の発展という目的を徹

第3章　用途地域・防火地域の法律知識 137

底した地域で、大規模工業団地などが該当します。住宅、共同住宅、学校、病院などの良好な環境を必要とする施設の建築が許されないだけでなく、物品販売店舗、飲食店などの建築も許されません。

● 特別用途地区とは

　用途地域の指定とは別に、特別用途地区が指定されることがあります。特別用途地区とは、特定目的のため、用途地域の制限を部分的に緩和したり厳しくするものです。その地域の実情や発展状況に応じて、都市計画または地方自治体の条例で定められます。

　たとえば、トラックターミナル、卸売市場、倉庫などを集中立地させるための特別業務地区、教育上ふさわしくない施設を制限するための文教地区が、建築物の高さ制限などにより街全体の美観を保護する景観地区、都市の風致（都市における良好な自然的景観のこと）を維持するために建築物の建築、宅地造成、樹木の伐採を規制する風致地区があります。また、都市計画の観点では、再開発を計画した場合の高度利用地区、建築物の高さの最高限度または最低限度を定める高度地区、超高層ビルの建設などの際に活用される特定街区があります。

● 許可があれば建築制限が緩和される

　特定行政庁（23ページ）が地域の特性を考慮して許可をした場合には、本来は用途地域別の用途制限によって禁止される建築物を建築することができます。特定行政庁が許可を行う際には、利害関係者の出頭を求めて意見を聴取し、建築審査会の同意を得ます。

● 敷地が制限の異なる用途地域にまたがる場合

　建築物の敷地が制限の異なる用途地域にまたがる場合には、その敷地の過半が属する地域の制限がかかります。たとえば、第2種住居地域にかかる部分と近隣商業地域にかかる敷地があり、第2種住居地域

にかかる部分が４割、近隣商業地域にかかる部分が６割という場合には、近隣商業地域としての制限がかかります。建築物の位置は関係ないため、建築物が敷地のどの位置に建てられるとしても、敷地の過半が属する用途地域かによって制限の内容が変わってきます。

■ 用途地域内の主な建築制限

主な建築物の用途 ＼ 用途地域	第1種低層住居専用地域	第2種低層住居専用地域	田園住居地域	第1種中高層住居専用地域	第2種中高層住居専用地域	第1種住居地域	第2種住居地域	準住居地域	近隣商業地域	商業地域	準工業地域	工業地域	工業専用地域
住宅、共同住宅、老人ホーム等													×
保育所・神社・診療所(20ベッド未満)等													
病院(20ベッド以上)	×	×	×									×	×
小学校・中学校等												×	×
大学・専修学校等	×	×	×									×	×
店舗・飲食店	×	△	△	△	△	△							×
事務所	×	×	×	×	△	△							
ホテル・旅館	×	×	×	×	×	△						×	×
営業用倉庫	×	×	▼	×	×	×	×						
水泳場・スケート場等の運動施設	×	×	×	×	×	△							×
麻雀・パチンコ店等	×	×	×	×	×	×	△	△				△	×
キャバレー等	×	×	×	×	×	×	×	×	×			×	×
劇場、演芸場、映画館等	×	×	×	×	×	×	△					×	×
工場	×	×	▼	×	△	△	△	△	△	△			

▼は農産物の生産・集荷・処理に用いるものは建築可能　△は条件付きで建築可能

第3章　用途地域・防火地域の法律知識　139

防火地域・準防火地域について知っておこう

地域によって建築できる建築物には防火上の制限がある

● 都市計画法や建築基準法が定める防火対策

建築物に対し、①火災が発生しにくい性能、②近隣からの延焼を防ぐ性能、③安全に避難できることができる性能、という3つの性能を備えることを防火といいます。

日本の建築物、特に住宅は木造のものがほとんどという事情もあり、建築基準法や都市計画法では、さまざまな防火のための規定が置かれています。都市計画法では、都道府県や市区町村が策定する都市計画で、市街地における火災の危険を防除するための地域として防火地域・準防火地域を定めます。防火地域とは建築物を火災に耐えられる構造にするなどの義務付けがある地域を指します。準防火地域は防火地域と同様に建築物を火災に耐えられる構造にするなどの義務付けがある地域を指しますが、準防火地域の規制内容は防火地域のそれよりもおおむね緩やかなものとなっています。

建築基準法では、その他に火災が発生しにくい材料で建築物を造ること、近隣からの延焼で燃えやすい箇所を防火性能の高いものにすること、避難が容易になるように道路に接する形で建築物を造ることなどが定められています。

● 防火地域内の建築制限

防火地域は、建築物が密集する市街地における火災の危険を防除するための地域であって、建築物の防火上の規制が最も厳しくなっています。一方、防火地域ほどではないにしても、建築物の防火上の規制が設けられている地域が準防火地域です。準防火地域は、おおむね防

火地域の周囲を囲むような形になります。

　地方自治体が都市計画で定める防火地域は、駅前や主要幹線道路沿いの地域が多いといえます。それらの地域は、人やビルが密集しており、災害時には甚大な被害が発生するおそれがあるからです。そこで、防火地域内の建築物は、原則として、防火上の性能が高い耐火建築物もまたは準耐火建築物にしなければなりません。

　耐火建築物とは、通常の火災時の火熱に対し、主要構造部（壁、柱、床、はり、屋根、階段）が損傷しにくく、倒壊と近隣への延焼を防ぐ性能をもった建築物です。準耐火建築物とは、通常の火災による火熱が加えられた場合に、一定の時間（30分〜45分）にわたり、近隣への延焼を防ぐ性能をもった建築物です。

　防火地域内の建築物を耐火建築物にすべきか、準耐火建築物であればよいかは、その建築物の規模によって判断します。具体的には、3階建て以上の建築物または延べ面積（各階の床面積の合計）が100㎡を超える建築物は、耐火建築物にしなければなりません。これに該当しない小規模の建築物（2階建て以下で、かつ、延べ面積が100㎡以内）の場合は、準耐火建築物でよいことになります（耐火建築物にしても問題ない）。このように、防火地域においては、建てることができる建築物が一定の耐火性を備えた建築物に限定される反面として、建ぺい率の規制が撤廃あるいは緩和されています。

　なお、2019年6月施行の建築基準法改正で、防火地域・準防火地域内における延焼防止性能の高い建築物は、耐火建築物・準耐火建築物にしなくてもよいという例外が設けられました。この例外で、建築物の内部の柱などに木材を利用することが可能になります。

● 準防火地域内の建築制限

　準防火地域は主に住宅密集地にあり、そうした地域にある建築物も防火上の制限を受けますが、規模によっては木造建築物を建てること

が可能です。具体的には、耐火建築物とすべきなのは、地上4階建て以上の建築物、または延べ面積（各階の床面積の合計）が1500㎡を超える建築物です。耐火建築物または準耐火建築物とすべきなのは、地上3階建て以下で、かつ、延べ面積が500㎡超1500㎡以下の建築物です。耐火建築物、準耐火建築物、防火上の技術的基準に適合する建築物のいずれかにすべきなのは、地上3階建てで、かつ、延べ面積が500㎡以下の建築物です。なお、延焼防止性能の高い建築物についての例外措置は、防火地域の場合と同じです。

　反対に、地上2階建て以下で、かつ、延べ面積が500㎡以下であれば、木造建築物を比較的大きな制限を受けずに建てることができます。ただし、外壁や軒裏などは、周囲の火災からの延焼を防ぐ構造（防火構造）でなければなりません。

◉ 法22条区域と屋根の不燃化

　法22条区域とは、建築基準法22条に規定された建築物の屋根や外壁について防火上の制限を受ける地域です。準防火地域の外側を囲い込むような形になるのが一般的で、防火地域や準防火地域に比べると規制が緩くなります。法22条区域では、建築物の屋根はコンクリートや鉄板などの不燃材料にするか、瓦などで覆うことが必要です。外壁も隣家などからの延焼のおそれがあるので、隣接する建物に面した外壁は、土塗壁などの不燃材料にしなければなりません。

◉ 建築物が2以上の地域にわたって建てられる場合

　たとえば、防火地域と準防火地域の2つの地域にわたって建築物が建てられた場合、規制内容が異なるため、建てられる建築物の規模や使用できる建築材料が違います。この場合は、建築物の全体について規制がより厳しい方を適用します。したがって、敷地が防火地域と準防火地域の両方にわたる場合は、防火地域の規制が適用されます。

■ 防火地域内の建築物の特例

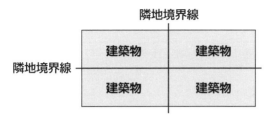

防火地域内の建築物は、厳しい防火対策をとっているため、隣地境界線ギリギリまで建築が可能（延焼の懸念が小さい）。また、以下のような建ぺい率（97ページ図参照）の緩和措置もあり。

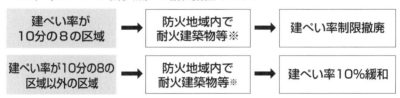

※2019年6月施行の建築基準法改正で、耐火建築物と同等以上の延焼防止性能がある建築物も含むことになった。

■ 準防火地域内の建築制限

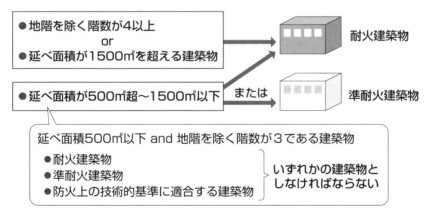

※2019年6月施行の建築基準法改正で、延焼防止性能の高い建築物は、耐火建築物、準耐火建築物、防火上の技術的基準に適合する建築物としなくてよいという例外が設けられた。

耐火建築物と準耐火建築物について知っておこう

火事で倒壊しない建物を作る

● 耐火建築物とは

　耐火建築物とは、主要構造部が耐火構造である建築物、または屋内で発生した火災や周囲で発生した火災の熱によっても主要構造部が耐えることができる性能をもっている建築物のことをいいます。どちらにあてはまる場合でも、延焼のおそれのある外壁の開口部には、遮炎性能をもつ設備を設けることが必要です。

　耐火建築物であれば、屋内での火災発生や、その建築物の周辺での火災発生のケースで、延焼可能性が非常に低いといえます。さらに、火災によって建築物が倒壊したり、建築物自体が極端に変形する可能性も非常に低いということができます。

■ 耐火建築物にあたるかどうか

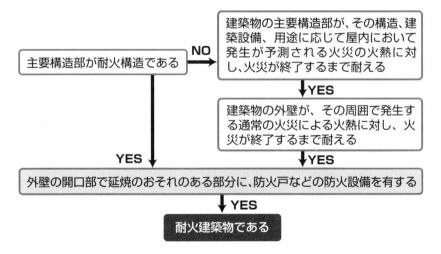

● 耐火構造について

　耐火構造とは、火災が自然に収まるまで倒壊・延焼しない性能（耐火性能）をもつ建築物の構造をいいます。耐火性能は、非損傷性、遮熱性、遮炎性の3つを合わせたものになります。

　非損傷性とは、柱や壁などに対して火災による火熱が一定時間加えられた場合に、変形や溶融などの損傷が生じない性能をいいます。基準となる加熱時間は、壁や柱などは建築物の階数に応じて1時間～3時間になります。また、屋根や階段は30分が基準となる加熱時間になります。

　遮熱性とは、壁や床などに火災による火熱が一定時間加えられた場合に、加熱面以外の面が可燃物が燃焼する温度以上に上昇しない性質をいいます。基準となる加熱時間は、原則として1時間になります。

　遮炎性とは、屋内で発生した火災による火熱が一定時間加えられた

■ 耐火構造にあたるかどうか

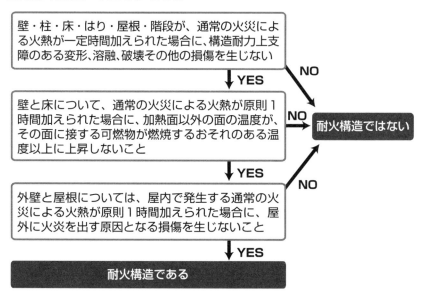

場合に、屋外に火炎を出すような亀裂や損傷を外壁・屋根に生じさせない性質のことをいいます。基準となる加熱時間は、こちらも原則として1時間になります。

これらの性能をもちあわせることで、建物が耐火構造をもつことになります。具体的には、たとえば、間仕切壁の構造について、「鉄筋コンクリート造、鉄骨鉄筋コンクリート造又は鉄骨コンクリート造で厚さが10cm以上のもの」などと定められています（建設省告示1399号「耐火構造の構造方法を定める件」）。

◉ 準耐火建築物とは

準耐火建築物とは、主要構造部を準耐火構造とするか、または準耐火構造と同等の準耐火性能をもつための技術上の基準に適合するものとし、外壁の開口部で延焼のおそれのある部分に遮炎性能をもつ防火設備が設けられた建築物をいいます。準耐火建築物は、建築物の屋内や周囲で火災が発生した際、容易には倒壊・延焼しないものです。

準耐火建築物は、火災が終了するまで建築物が倒壊・延焼しない性能を備えることが必要ですが、準耐火建築物には、耐火建築物ほどの厳しい基準は適用されません。

◉ 準耐火構造について

準耐火構造とは、建築物の主要構造部が火災による延焼を抑制する準耐火性能をもっている構造をいいます。準耐火性能があるかどうかは、耐火性能と同様に、非損傷性、遮熱性、遮炎性という3つの基準から判断されます。

非損傷性については、柱や壁などが火災による火熱を加えられた状態で、原則として45分間、変形や損傷を生じないことが必要とされています。準耐火構造は、消防活動が行われた場合に延焼を防止できればよいとの考えから、火災終了時までではなく、原則45分間変形や損

傷が生じないことのみを要求しています。ただし、屋根や階段については、耐火構造と同じく30分間と設定されています。

遮熱性については、壁や床などに火災による火熱が加えられた場合に、加熱が始まってから、原則として45分間、その加熱面以外の面の温度が可燃物が燃焼する温度以上に上昇しないことが必要です。

遮炎性については、屋内で発生した火災による火熱により、加熱が始まってから、原則として45分以内に、屋根や外壁が亀裂や損傷を生じさせないことが必要です。

◉ 耐火建築物や準耐火建築物にする建築物

建築物を耐火建築物・準耐火建築物にしなければならないかどうかは、①建築物が特殊建築物かどうか、②建築物が防火地域・準防火地域内にあるかどうか、という点で判断することになります。

劇場、映画館、集会場、共同住宅、下宿、病院、学校など、不特定多数の人々による利用が見込まれる特殊建築物については、建築基準法27条に基づき、原則として、耐火建築物または準耐火建築物にする

■ 準耐火建築物にあたるかどうか

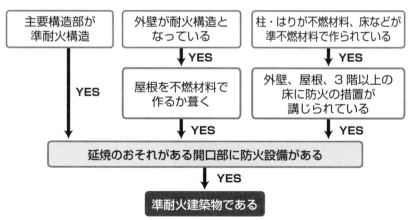

ことが義務付けられています。どのような場合に耐火建築物とすべきか、それとも準耐火建築物で足りるかについては、特殊建築物の用途に応じて細かく定められています。

たとえば、共同住宅、下宿、病院などの特殊建築物は、地上4階建て以上で3階分以上を共同住宅や下宿の用途に用いる場合、または地上3階建てで3階が共同住宅や下宿などの用途に用いる場合に、耐火建築物にすることが義務付けられています。

なお、2019年6月施行の建築基準法改正で、階数3以下で延べ面積200㎡未満の特殊建築物については、耐火建築物や準耐火建築物にするのを要しないことになりました（共同住宅、下宿、病院などの場合は、警報設備などを備えることが条件になっています）。

■ 準耐火構造にあたるかどうか

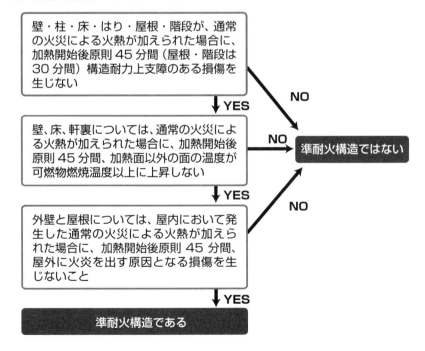

準防火地域内の木造建築物の防火措置について知っておこう

火事が広がることを防ぐ必要がある

● 防火・延焼を防ぐためのさまざまな規制がある

　準防火地域では、地上4階建て以上の建築物や、階数に関係なく延べ面積1500㎡を超える建築物は、耐火建築物としなければならないとするなど、一定の耐火性能を備えなければ建築できない建築物について定めています。そのため、木造建築物を建てる場合には、防火や延焼を防ぐためのさまざまな措置が求められます。

　なお、前述したように、2019年6月施行の建築基準法改正で、準防火地域内における延焼防止性能の高い建築物は、耐火建築物、準耐火建築物、防火上の技術的基準に適合する建築物にしなくてもよいとの例外が設けられています。

● 屋根についての規制

　屋根の素材について、準防火地域にある建築物は、火災が発生した際に、火の粉が燃え移ってさらなる火災が生じないように、次のような基準を満たす屋根を備えていなければなりません。
① 屋根が、市街地における通常の火災から生じる火の粉により、防火上有害な発炎をしないものであること
② 屋根が、市街地における通常の火災から生じる火の粉により、屋内に達する防火を行う上で有害な損傷を生じないこと

　具体的には「不燃材料で造るか葺く」「屋根を準耐火構造とする」などの基準が定められています。ただし、不燃性の物品を保管する倉庫で、屋根以外の主要構造部が準不燃材料で作られている場合には、②の基準を満たす必要はありません。

第3章　用途地域・防火地域の法律知識　149

◉ 外壁についての規制

　準防火地域内にある建築物は、外壁の開口部で延焼のおそれのある部分に、遮炎性能をもった防火設備を設ける必要があります。窓や換気口などの開口部から火災が広がることを防ぐための措置です。

　また、準防火地域内にある建物の外壁は、建築物の周囲で発生する火災によって延焼することを防ぐ性能（防火性能）をもつ必要があります。防火性能があるかどうかは、次のような基準から判断します。

・耐力壁である外壁が、建築物の周囲で発生する火災による火熱が加えられた場合に、加熱開始後30分間、損傷を生じないものであること
・外壁および軒裏は、建築物の周囲で発生する火災による火熱が加えられた場合に、加熱開始後30分間、当該加熱面以外の面の温度が可燃物が燃焼する温度以上に上昇しないものであること

◉ その他の規制

　準防火地域の建築物の柱・梁は、準耐火構造とするか、または小径12cm以上としなければなりません。また、3階の室部分とその他の部分は、間仕切り壁または戸で区画しなければなりません。

■ 準防火地域内の木造建築物の防火措置

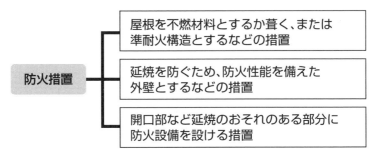

第4章

道路の通行権をめぐる
法律問題

袋地について知っておこう

「必要あるとき」には道路を開設することができる

● 袋地通行権とは

　袋地とは、他の土地に囲まれていて公道に通じていない土地のことです。袋地の所有者は、隣接する土地所有者との間で通行権を設定する契約を結んでいなくても、その土地を通行することができるというのが袋地通行権です。袋地の利用価値を維持するために、法律で当然に通行できるとしたのです。そのため、通行される土地（囲繞地）の所有者には、一定の犠牲を強いることになります。

　そこで、民法は、袋地の所有者は、必要であり、かつ、囲繞地に最も損害が少ないと思われるところを通行しなければならないとしています。最も損害が少ないかどうかは、付近の地理状況を含めた諸事情を基礎として社会通念（常識）で判断することになります。袋地の所有者と囲繞地の所有者の間で、通行する場所についての合意が成立しないときは、最終的には、裁判所が決定することになります。

　また、袋地の所有者は通路を開設できますが、通路の開設に要する費用については法律で特に定められていません。通常の場合は、通路の開設によって利益を受ける袋地の所有者が負担することになるでしょう。条文上は「必要があるとき」に通路を開設することができるとされています。「必要があるとき」とは、土地が水びたしとなってしまい、雨のたびに通行できなくなるなど、そのままにしておくと支障があるため、舗装する必要があるような場合を指します。

● 通行場所を変えることもできる

　袋地通行権は、隣接する土地の調整を図るものです。信義誠実の原

則の観点から見て、やむを得ないと認められる客観的・合理的な事情の変化により、囲繞地に最も損害が少ないと考えられる場所が変わったのであれば、それに従って袋地通行権に基づき通行が認められる場所も変わります。裁判例にもこれを認めたものがあります。

◉ 償金を支払う必要がある

袋地の所有者は、袋地通行権に基づいた通行による損害に対して、通行料（償金）を支払わなければなりません。償金の支払方法は、通路の開設のために生じた損害に対するものを除き、1年ごとに支払うことができると規定されています。一方、償金の額は、法律で特に規定されていません。一般的には、通行する土地の固定資産税や賃料相当額を考慮して決定することになります。

なお、囲繞地の所有者は、自分の土地を通行する袋地の所有者に対して償金の支払いを請求できますが、袋地の所有者が償金を支払わないとしても、その通行を阻止することはできません。

◉ 自動車が通行することができる通路の開設は可能か

袋地の所有者が自動車を利用する場合、自動車を通行することができる通路の開設を望みたいところですが、そのような通路を囲繞地に開設することができるかどうかは微妙なところです。

■ 袋地通行権が認められる場合

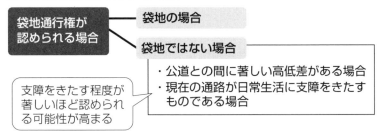

前述したように、袋地の所有者は、囲繞地の通行に際し、その囲繞地のためもっとも損害の少ないところを選ばなければなりません。そして、袋地通行権の通行場所や方法に関する規定は他にはありませんから、具体的な通行場所や方法については解釈の問題となります。

　裁判例もケースに応じて異なる判断をしています。自動車による通行を認めたものもあれば、認めなかったものもあります。これらについては、近年の自動車を中心とする交通手段の変化によって、自動車による囲繞地の通行を認める裁判例が増加しているとの指摘もあるところです。結局のところ、問題となる土地の形状・性質、紛争当事者の事情、自動車が不可欠の生活の足である地域柄など、諸般の事情によって決められます。したがって、常に自動車による囲繞地の通行が認められるわけでないということになります。

　なお、自動車による通行がどうしても必要な場合は、当事者間の話し合いによって、自動車の通行を内容とする地役権または賃借権を設定するなどして対処することも可能でしょう。後のトラブルを避けるため、袋地の購入前に、自動車を通行させたい土地の所有者と話し合いの場を持ち、その土地の通行について承諾を取り付けるなどの準備をした上で、購入するかどうかを判断したほうがよいでしょう。

● 共有地分割と土地の一部譲渡の場合の袋地通行権

　共有地が分割され、その結果として袋地ができてしまった場合は、他に公道に出ることができる通路があったとしても、袋地通行権に基づく場合は、分割した他方の土地しか通行ができません。もっとも、袋地の所有者が通行することを前提として共有地を分割していると考えられるので、袋地の所有者は償金の支払いを必要としません。

　土地の一部譲渡によって袋地が生じた場合も、譲渡前に袋地が生じることがわかるはずです。したがって、共有地を分割した場合と同様に考えることになります。

● 袋地通行権がなくなることもある

　袋地が存在する限り、袋地通行権は消滅しません。袋地の所有者と囲繞地の所有者との間で合意によって、袋地通行権を消滅させることはできません。袋地通行権は、契約を根拠とするのではなく、袋地の所有権という物権（物を排他的に支配する権利）を根拠として生じる法律上の権利であるからです。

　しかし、袋地の所有者が、隣接する公道に接する土地の所有権を取得した場合のように、袋地状態が解消された場合は、もはや袋地通行権は認められません。この場合、他人の土地を通行しなくても、購入した土地を通行して公道に出ることができ（下図）、他人に対して通行の負担を強いる理由がなくなるからです。新たに購入した土地を通行すると公道に出るのに遠回りになるとしても、袋地状態が解消されれば袋地通行権は消滅します。その他、袋地に接して公道ができた場合や、新たに別の公道に通じる通路が開設された場合も、袋地通行権を維持する必要はないので消滅します。

■ 袋地通行権が消滅するケース

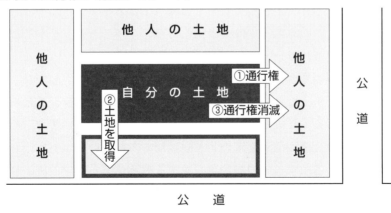

※自分の土地を使って公道に出ることができるので、袋地通行権は消滅する。

相 談 約束の償金を支払わない者にも通行権があるのか

Case 私は、囲繞地を所有しているところ、袋地の所有者からの申し出を受け、公道に至るまでの通路を開設しました。通路の開設にあたっては、当事者間で毎年６万円を支払うとの約定がなされました。ところが、袋地の所有者はこの償金を払ってくれません。私は、「償金の未払いによって袋地通行権が消滅したから通るな」と主張したいのですが、私の主張は認められるでしょうか。

回 答 相談の事例の場合は、民法に規定されている袋地通行権が問題の対象です。袋地通行権に関する民法の規定は、物理的につながっている土地相互の相隣関係を規律するため、当事者の意思によらず、法律に基づき、袋地の所有者に対して、いわば強制的に囲繞地を通行する権利を認めています。

そして、民法は袋地通行権について、袋地の所有者に「償金」の支払義務があることをあわせて規定しています。この「償金」には、①通路の開設によって生じた積極的な損害のてん補、②他人の所有地を通行し続けることで生じるであろうと観念できる損失のてん補の２つを含みます。このうち②の償金に関しては、１年ごとに支払うことができると規定されています。

相談の事例の場合は、②の償金が問題となっています。しかし、償金を支払わなかったとしても、前述した袋地通行権の趣旨、償金の性質などから考えて、袋地通行権は消滅しないと解されています。そのため、袋地通行権の消滅を求める主張は認められないでしょう。もっとも、あなたには未払分の償金を請求する権利があるため、訴訟などの法的手段を視野に入れて、袋地の所有者に対して償金の支払いを求めていくことはできます。

2 袋地通行権をめぐる問題について知っておこう

現在の通路が日常生活に支障があるかどうかで判断する

● 狭い通路の場合は袋地通行権が認められることがある

　民法では、自分の土地が公道と接していても、その接している面と公道との間に著しい高低差がある場合などに、袋地通行権を認めています。つまり、民法は、公道に接していないという場合でなければ、袋地通行権を絶対に認めないとしているわけではありません。他人の土地を通行しなければ公道に出ることが難しい場合に、袋地通行権を認めているということができます。

　このように、袋地通行権が認められているのは、土地同士の利用の調整のためですから、土地の状況や利用目的なども含めた総合的な判断の結果、土地の状況によっては、たとえ公道に出られる場合であっても袋地通行権が認められることがあります。

　裁判においては、土地が純粋な袋地でない場合、その土地の客観的な利用状況によって、袋地通行権を認めるかどうかの判断がなされるのが一般的です。たとえば、所有している土地で石材の産出を行っていて、公道に面している部分があるが幅が非常に狭く、石材の産出や運搬を行うには不便で困っている場合、石材の産出には、客観的に考えて相当の道の幅員が確保されることが適切です。この場合、通路があるとしても「公道に通じていない」と考えられ、囲繞地の所有者に対して袋地通行権を主張できるものといえます。

　また、現在の通路が日常生活にどの程度支障があるかによって、袋地通行権を認めるかどうかが判断されることもあります。この場合、日常生活への支障の程度が著しいほど、袋地通行権が認められる可能性が高くなります。

第4章　道路の通行権をめぐる法律問題　**157**

● 袋地通行権はどの土地について主張できるのか

　土地を分割した結果として袋地が生じた場合、袋地の所有者は、公道に出るため、他の分割者の所有地のみを通行することができます。まったく事情を関知し得ない第三者に対し、袋地通行権の負担を押しつけるのは不当であるためです。

　たとえば、所有している土地が甲地と乙地に分割された結果、甲地が乙地だけでなくCの所有する土地にも囲まれる袋地になった場合、袋地の所有者は、乙地の所有者に対しては袋地通行権を主張することができるのに対し、Cに対しては袋地通行権を主張できないということになります（次ページ図）。

● 借地権者にも袋地通行権が認められるか

　袋地を借りて建物を建てている場合、借地権者にも袋地通行権が認められるかどうかが問題となります。借地権には、地上権に基づく借地権と賃借権に基づく借地権があります。地上権であれば、民法の規定により袋地通行権が認められているので問題ありません。しかし、賃借権には袋地通行権を認める規定がありません。賃借権は、所有権や地上権などの物権と異なり債権であって、物権と同様の袋地通行権が直ちに認められないからです。しかし、判例によると、賃借権も対抗要件（第三者に権利を主張できる要件）を備えれば、物権とほぼ同等の効力が生じるので、対抗要件を備えた賃借権には袋地通行権が認められます。たとえば、借地に建物を建てている場合、対抗要件は借地上に建てた建物の登記です。この登記を備えた借地権者には袋地通行権が認められる点には注意しておくとよいでしょう。

● 借家権者にも袋地通行権が認められるか

　借家人は、建物を借りているだけで、敷地について直接権利を持っているわけではないので、借家人が敷地の所有者と別個に袋地通行権

を主張することはできません。ただ、借家人も建物を使用する権利を持っているので、その権利を保全するため、敷地の所有者（建物の賃貸人であることが多い）が持っている袋地通行権を、敷地の所有者の代わりに行使することで（民法が規定する債権者代位権という権利を行使します）、結果的に囲繞地を通行できることになるといえます。

● 不法占拠者にも袋地通行権があるのか

袋地通行権を、所有者でもなく正当な占有者でもない、不法占拠した人から主張することができるかどうかという問題があります。

これについて、民法などの法律には直接の規定はありません。しかし、袋地通行権というのは、袋地の利用権を保護しつつ、囲繞地との権利関係を調整するためのものです。また、不法占拠かどうかではなく、単純な占有（対抗要件のない賃借権など）の場合には、袋地通行権を認める必要がないと判断した裁判例があります。不法占拠者の袋地通行権を認める考え方もありますが、不法占拠者に対してまで袋地の利用権を保護する必要はないという考え方が一般的です。

以上のとおり、袋地通行権を認めている趣旨、単純な占有について袋地通行権は認められないとする裁判例もあることから、不法占拠のケースでは袋地通行権は認められないと考えておくべきでしょう。

■ 土地を分割した場合

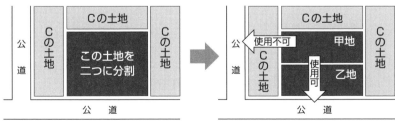

甲地の所有者は公道に出るために乙地を通行できるが、C地を通行することはできない

第4章　道路の通行権をめぐる法律問題　**159**

相 談 隣地の通行権を得て新築の確認をとりたい

Case 戦後すぐから、父から譲り受けた自宅家屋に住んできましたが、老朽化が激しいので再築を検討しているところです。公道にでるために1m弱の自己所有の通路を通っていますが、再築のための建築確認申請では、これが建築基準法の定める幅員に足りず、接道義務を満たさないことから、建築確認が得られませんでした。どのようにすれば建築確認申請を得ることができるでしょうか。

回 答 自宅と既存の1m弱の道路では、建築基準法上の道路（24ページ）として幅員が足りず、接道義務を満たさないので、袋地であることを理由とする接道義務の例外許可申請をした上で、建築確認を得ようとの考えだと推察します。しかし、過去の裁判例をみると、袋地であることが否定された例があります。否定理由のポイントは、問題の土地に幅員が小さくても公道に通じる通路があれば、安全・防火・衛生などの公益的見地から一定の幅員を求める建築基準法の趣旨により、袋地として認めることができないというわけです。なお、袋地であるかどうかは、単に通路があるかどうかだけで判断すべきでなく、問題の土地の利用状況や具体的な形状、その他の関連取締法規などの事情も考慮して判断すべきとの考え方もあります。このように、相談の土地が袋地にあたるかどうかについては、確定的な見解がなく、考え方が分かれるところなので、さらに詳細な事情がわかる資料を用意して、専門家や地方自治体などと相談することをお勧めします。

相 談 袋地所有者は隣地に通路を作れるのか

Case 私の家は、袋地に建っています。このため、隣家のＸさんの土地の一部を通らせてもらって公道に出ていますが、最近Ｘさんはケ

ガをしたらしく庭などの管理ができなくなったようです。私がいつも公道との出入りに使っている土地も雑草が生い茂り、通行しにくい状態です。自分で通りやすいように道を作ることは可能ですか。

回答 周りを他人の土地などに囲まれていて、公道に出るために他人の土地を通らなければ出られないような土地（袋地）に住んでいる人が、自分の土地から公道に出るために他人の土地を通行する権利が袋地通行権（囲繞地通行権）です。囲繞地とは、袋地から公道に出るまでに通行することになる土地のことです。袋地通行権は民法が認めた袋地の所有者の権利です。袋地の所有者は、囲繞地を通行することができる他、通行しやすいように整地などができます。夜間の通行に備えて照明器具の設置もできます。通路の開設に際して、囲繞地の所有者の承諾は必要ないとされています。

ただ、通路として使用する場所は、囲繞地の所有者にとって最も迷惑のかからない（損害の少ない）ところでなければなりません。あなたが通路として整地した場所が、Ｘさんにとって迷惑な場所であった場合、裁判に発展する可能性がありますから、整地する前にどの場所であれば問題ないのかをＸさんに相談するとよいでしょう。なお、整地にかかる費用は、あなた自身が負担することになります。

相談 現在ある通路を広げてもらえないか

Case 私は、袋地に住んでいるので、隣のＳさんの土地の一部に作られた通路を通って公道に出ています。この通路がとても狭く、荷物を運ぶのに一苦労しています。だんだん我慢するのもつらくなってきたので、少し通路を広げたいと考えているのですが、可能でしょうか。

回答 袋地に住んでいて、隣の土地（囲繞地）を通らないと公道に

第4章　道路の通行権をめぐる法律問題　**161**

出ることができないあなたには、袋地通行権が認められます。袋地通行権は、直接公道に出られない土地に住む人が、公道に出るために他の土地を通ることを、法律上当然に認めたものです。すでに通路がある場合、通常は他の通路の設置はできませんが、質問のように、公道に出るのが不便な場合、新しい通路の設置や通路の拡大が認められる可能性があります。あなたが利用している通路が、通路としての役割を果たしているとはいえない状況である場合には、囲繞地であるSさんの土地の別の場所を通行するか、今の通路を広げることができます。ただ、袋地通行権はSさんに不利益を与えますから、通路の拡大や新たな通路の設置が認められるかどうかは、Sさんの土地の状況で左右されます。通路の拡大・新設に十分な空き地がある場合は認められる可能性が高くなります。しかし、通路のそばにSさんの家があるなどして空き地が少ない場合は認められにくいといえます。

このように、通路の拡大・新設については、それぞれの土地と袋地に住む人の状況などによって裁判所の判断が変わるのが実情です。

相　談 　土地の一部譲渡によって袋地ができた場合の通行権はどうなる

Case 　私は、この付近一帯の土地を所有しているMさんから、土地の一部を安く買い受けました。私が買う土地は袋地となりますが、公道に出るためには残りの隣接したMさんの土地よりも、Yさんの土地のほうが近くて便利です。できればYさんの土地を通りたいのですが、Yさんの土地を通る通行権は認められるのでしょうか。

回　答 　袋地の所有者は、公道に出るために、他人の土地を通行することが認められています。これを袋地通行権と言います。あなたも袋地通行権を持っていますが、通常の袋地通行権と異なり、あなたの場

合はいくつかの制限があります。なぜなら、あなたはもともと袋地で
あった土地を譲り受けたわけではなく、土地の一部を譲り受けた際に
生じた袋地の所有者であるからです。あなたとMさんが交わした売買
契約の結果として袋地が生じており、この売買契約にYさんはまった
く関与していません。

　このように、土地の一部が譲り渡された結果として袋地が生じた場
合、その袋地の所有者は、売買された土地以外で売主のもとに残った
土地（残余地）を通行する権利だけを取得します。つまり、あなたは
Yさんの土地が近くて便利だとしても、Mさんの残余地から公道に出
られる以上、Mさんの残余地を通行する袋地通行権しか持っていない
のです。ただし、残余地の通行権は無償です。売買当時に袋地が生じ
ることが予測可能で、それを売価に反映できるからです。

相談　他人の土地を通るのを妨害されたらどうするか

Case　私が亡き父より相続した家が建っている土地は、Aさんが土
　　地の一部を父に分割譲渡した際に袋地となったものです。そのため、
　　Aさんの土地を通行して公道まで出ていましたが、最近、Aさんは私
　　が公道に出るため通行していた土地をBさんに売ってしまいました。
　　Bさんは、私がこの土地を通行するたびに妨害してくるのですが、ど
　　うすればよいでしょうか。

回答　あなたのような袋地の所有者は、周囲の土地を通行しなけれ
ば公道に出られませんから、民法によって周囲の土地を通行する袋地
通行権が保障されています。また、あなたのお父さんがAさんから宅
地を買った場合のように、土地の一部譲渡によって袋地を取得した場
合、袋地を取得した人は、袋地通行権として譲渡人の土地を通行する
権利のみを取得します。ですから、あなたのお父さんはAさんの土地

第4章　道路の通行権をめぐる法律問題　**163**

を通行する権利を取得しているのです。あなたのお父さんが取得した
袋地通行権は、袋地の所有権に当然に付随するものですから、お父さ
んの土地を相続したあなたも袋地通行権を持っています。

　あなたが取得している袋地通行権は、囲繞地の所有者が交替しても
消滅しませんから、所有者がAさんからBさんに替わっても、あなた
はBさんに袋地通行権を主張できます。あなたの通行を妨害している
Bさんは、あなたの所有権を侵害していることになります。話し合い
で解決できなければ、裁判所に訴えて、通行の妨害をしないようにB
さんに命じてもらうことが考えられます。

相談　違反建築している隣人が袋地通行権を主張してきた

Case　私は、国道に接した土地を所有しています。最近、私の土地
　に隣接する土地を所有するXさんが、「自分の土地は袋地だから、あ
　なたの土地を通行させてもらいたい。その通路は4m以上の幅員を確
　保してほしい」と主張してきました。たしかに、私の土地は、Xさん
　の土地との関係では囲繞地であり、Xさんの土地は袋地です。しかし、
　私の調べではXさんが最近建てた建物は建築基準法に違反する建築物
　で、Xさんの主張どおり私の土地を通行させる必要はないのではない
　かと考えています。このような場合、Xさんに私の土地を通行させな
　ければならないのでしょうか。

　回答　この場合、第1に、袋地通行権自体の有無が問題となります。
最高裁判所の見解では袋地通行権は建築基準法の要件に直接関係がな
いとされていますから、たとえ違反建築であってもXさんに袋地通行
権自体は認められると思われます。第2に、通路について4m以上の
幅員を確保しなければならないかが問題となります。袋地通行権と建
築基準法は直接の関係がないとの立場からすると、必ずしも4m以上

の幅員を確保しなければならないわけではない、というのが１つの答えとなります。袋地通行権は、具体的な諸事情を考慮した上で、袋地の所有者のために必要であり、かつ、囲繞地にとって損害がもっとも少ない範囲で認められるものにすぎないからです。もっとも、実際に裁判になると、袋地の有効利用という観点から、建築基準法に適合した幅員を確保しなければならないという可能性もあります。

相 談 土地購入の際、隣地の私道を通行できると聞いていたのに断られた

Case 自宅の建築のために宅地を探していたところ、叔父所有の叔父の自宅近くの宅地を紹介されました。袋地ですが、叔父によると、隣地に幅員４ｍほどの私道があり、隣地所有者からは、そこを通行することは了承を得ているということでした。その後、挨拶もかねて隣地所有者に確認にうかがったところ、「そのような承諾をした覚えはない」と言われました。叔父宅の近くでもあり、利便性もよいのでここに建築したいと思いますが、私は通行することができないのでしょうか。

回 答 他人の土地を通らないと公道に出られない土地（袋地）の所有者には「袋地通行権」が認められ、これをもとに他人の土地（囲繞地）の通行を請求できます。隣地の使用を制限するため、囲繞地の使用は必要最小限となりますが、今回は囲繞地に既存の私道があるので、そこの通行が認められる可能性が高いと考えられます。

また、叔父様の説明からは、隣地所有者と叔父様の間で通行地役権の設定があったことも考えられます。通行地役権の設定契約があったことを証明できれば、叔父様の土地（要役地）の譲渡に関する所有権移転登記をすることで、相談者が通行地役権を承継できますので、隣地（承役地）にある私道の通行が認められます。

第４章　道路の通行権をめぐる法律問題　**165**

最後に、売主から通行できるとの説明があったにもかかわらず、実際には通行できない場合は、売主の契約不適合責任に基づき、契約の解除などができます。

相談　袋地の隣人に土地の一部を売ったら新たな通行権を主張された

Case　私の隣に住んでいるＡさんは、土地を分割して奥の土地をＢさんに売却しました。これによってＢさんの土地が袋地になるので、Ａさんの土地に通路を設けて使用していました。その後、Ｂさんは、自らが購入した土地と接している私の土地の奥の部分の購入を申し出てきて、私はこれを承諾しました。ところがＢさんは、私から購入した土地から公道に出るため、当然に私の残った土地の通行も認められるので、通路を設置するように言ってきました。私は、これに応じる必要があるのでしょうか。

回答　結論としては、相談者は応じる必要はないと考えられます。ＡさんからＢさんが土地を購入した時点では、Ａさんの土地に囲まれてＢさんの土地が袋地となっていました。その場合、Ｂさんは、Ａさんに対して自らの袋地から公道に出るための通行権（袋地通行権）が認められます。今回はＢさんが重ねて、相談者から購入した土地についても、同じように袋地通行権を主張していると考えられます。

　しかし、袋地通行権は、囲繞地の損害を最小にして認められるものです。ところが、Ｂさんが、Ａさんから購入した土地と相談者から購入した土地は、ともに隣接しているので、相談者から購入した土地については、Ａさんから購入した土地を経て、Ａさんの土地にある通路から公道にでることができます。この場合は、袋地通行権は認められません。当然に通行が認められるというＢさんの主張は誤りです。

3 通行地役権について知っておこう

通行地役権があれば、他人の土地を通行できる

● 通行地役権を取得するには

　公道に面していない土地上の建物に住んでいる場合、公道に出るために隣地を通行しなければなりません。他人の土地を通行するための権利として、前述した袋地通行権もありますが、他人の土地を借りて通行することも考えられます。この場合、通行目的であれば、隣地の所有者から通行地役権を設定してもらうのが現実的です。

　一定の目的に従って、自分の土地（要役地）の便益のために、他人の土地（承役地）を利用する権利を地役権といいます。ここで「一定の目的」については、自由に定めることができます。たとえば、他人の土地に湧く水を引く目的、地下にトンネルを設置する目的、空中に高圧線を架ける目的などがありますが、地役権のうち通行のために他人の土地を通行する権利を設定するのが「通行地役権」です。通行地役権を取得すると、要役地の所有者は、他人の土地（承役地）を通行上必要な部分について自由に通行できるようになります。

　通行地役権を取得するためには、承役地となる土地の所有者との間で通行地役権を設定する契約を結びます。時効によって通行地役権を取得する場合もあります（175ページ）。その他、遺言、譲渡、相続による取得もあります。

　そして、地役権でいう「便益」は、土地同士の権利関係において便利になって利益を受けるという意味です。便益を受ける側の土地のことを要役地といい、便益のために提供される土地のことを承役地といいます。通行地役権は当事者間の設定契約によって生じますから、権利内容は合意によって定められます。

第4章　道路の通行権をめぐる法律問題　**167**

◉ 通行地役権の効力とは

通行地役権を取得すると、要役地の所有者は、承役地である他人の土地を通行できるようになるのに対し、承役地の所有者は、通行を妨げるような行為をすることが禁止されます。そして、承役地を通行できる範囲は、通行地役権の設定契約に基づき決まるため、袋地通行権と異なり損害を最小におさえる程度にする必要はありません。

◉ 要役地が譲渡されるとどうなる

通行地役権は、自己が所有する要役地の便宜のための権利です。つまり、要役地に従属する権利ということができます。そのため、民法では、通行地役権だけを要役地から切り離して譲渡することはできないと定めています。さらに、要役地の所有権が移転すると、原則として通行地役権もいっしょに移転します。もっとも、「現在の要役地の所有者に限って通行地役権を認める」という特約を結んでいる場合は、要役地が譲渡されても通行地役権は移転しません。

◉ 登記をしておけば権利主張できる

袋地通行権は、登記をしなくても、その存在を第三者に主張することができます。これに対し、通行地役権は、登記をしなければ、その存在を第三者に対抗（主張）することができません。通行地役権の登記をすると、承役地の所有者が交代した場合、新しく承役地の所有者となった人にも通行地役権を主張することができます。通行地役権の登記をするには、承役地の所有者に協力してもらわなければなりませんが、登記に協力してもらえないときは、裁判所に訴えを提起します。

なお、判例によると、通行地役権が設定されていることが、物理的状況から客観的に明らかである場合には、地役権者は、その存在を登記していなくても、新しく承役地の所有者となった人に対して通行地役権を主張できる場合があります。

地役権の設定登記は、承役地の不動産を管轄する法務局（登記所）に申請します。地役権の設定により便益を受ける要役地の所有者を権利者とし、地役権を設定される承役地の所有者を義務者として、双方が共同で申請します。

● 通行地役権に通行料は必要か

　通行地役権を設定する際に、通行料の支払いを要件とする必要はありません。無償での通行地役権の設定も可能ですし、通行料の支払いを要件とする通行地役権の設定も可能です。通行料の額は、承役地と要役地の所有者間の合意で決めます。その際の基準を民法は特に規定していません。承役地の固定資産税など、諸般の事情を考慮して決定することになるでしょう。

● 通行妨害されたときは

　通行地役権は、私道を通行することができる権利ですから、地役権者の通行を妨害する者がいる場合は、その者に妨害排除を請求することができます。もっとも、地役権者は、自己の通行が妨害されていない場合に、他人の通行を排除することはできません。

　さらに、妨害によって損害が生じていれば、損害賠償請求もできます。相手方が任意に妨害を排除しなければ、妨害排除を求めて裁判所に訴えを提起し、確定判決を得て強制執行（国の助力を得て強制的に権利を実現させる手続き）を申し立てるのがよいでしょう。ただし、緊急に妨害を排除したい場合は、仮処分（一定の処分を禁止したり仮の地位を定めたりする処分のこと）を申し立てる必要があります。妨害排除の費用は誰が負担するのかは少し問題がありますが、妨害者の故意（わざと）または過失（不注意）による妨害である場合は、妨害者の負担とすることについて争いはありません。

第4章　道路の通行権をめぐる法律問題　**169**

相 談 地役権が未登記でも第三者に権利を主張できるのか

Case 私は、以前Aとの間で通行地役権を設定し、Aの所有する土地を通行してきました（通路あり）。ところが、ある日、Aからこの土地を譲り受けたと主張するXが、私に対し「あなたとAの間において設定した通行地役権は登記を具備していないから、私（X）には主張することができない」と言ってきました。Xは、私の近所に住んでいる不動産業者で、問題となる土地についての相談に乗ってもらったりしたので、事情をよく知っていたはずです。このように、ことさらに登記のないことを利用して私を追い詰めようとする主張は認められるのでしょうか。

回 答 地役権は物権のひとつであり、その権利を「第三者」に対して主張するには、地役権設定の登記を備える必要があります。ここでの「第三者」とは、登記の不存在（欠缺）を主張するにつき正当の利益を有する者とされています。したがって、自ら登記を備えていても、相手方の登記の不存在を主張することが信義誠実の原則に反すると考えられる場合、その者は「第三者」にあたりません。

さらに、地役権の主張の可否が争われた判例によれば、通路としての継続使用が客観的に明白で、承役地の譲受人が地役権の存在を認識可能であった場合（地役権の存在を知っていたことは要しません）にも、その譲受人は登記の不存在を主張する正当な利益を欠いて「第三者」にあたらないとされています。

今回、Xは不動産業者でAから相談も受けて事情に通じていたのですから、上記の要件を満たして「第三者」にあたりません。したがって、Xの主張は認められず、あなたはこの土地を通行できます。

170

相談 新しい私道の所有者に通行地役権を主張できるのか

Case 私は、Xとの間で通行地役権の設定をして、長年Xの所有地を通行してきました。ある日、突然、Xから土地を譲り受けたと主張するYが、私のところに来ました。Yは「あの土地は現在私の所有である。あなたは地役権の登記もしていないから、今まで使っていた通路を通らないで欲しい」といってきました。たしかに地役権の登記はしていないのですが、Yの主張は認められてしまうのでしょうか。

回答 地役権は物権ですから、その発生・消滅・変更によって生じる効力を第三者に主張するためには、原則として登記を必要とします。もっとも、この原則にも例外があります。地役権は承役地（Xの所有地）に登記をすることになっていますが、登記簿上に対価や存続期間などの表示ができないため、登記によってなされる公示が十分ではありません。また、実際上の問題として、地役権の登記がなされないことも少なくありません。

このような実態を考慮し、判例は、承役地が要役地の所有者によって継続的に通路として使用されていることが明らかであり、かつ、承役地の譲受人がそのことを認識可能であったときは、承役地の譲受人が通行地役権の設定を知らなかったとしても、地役権設定登記が欠けていることを主張することはできないとしています。

相談のケースも、通路使用の継続性、譲受人Yの認識可能性があれば、Yに対して登記がなくても通行地役権を主張できることになります。この場合には、Yの主張が認められず、今までどおり通路を使用できることになります。

第4章　道路の通行権をめぐる法律問題　**171**

通行地役権設定のためにどんな契約をすればよいのか

通行内容、維持・管理方法、費用の負担割合などを明確にしておく

● 通行地役権を設定する契約であることを示す

　契約書には「通行地役権設定契約書」(174ページ)などと、契約内容を的確に表現した明確な表題をつけるとよいでしょう。

　通行地役権は、承役地となる土地(隣地)を、要役地となる自分の土地の便益のために利用させてもらうという土地同士の関係です。この承役地と要役地がどの土地であるかを明確に示す必要があります。

　また、登記を行えば、要役地を相続した人や譲り受けた人も、この通行地役権を引き継ぐことができます。さらに、通行のための道路の開設について、通行の内容、開設した道路の維持と管理の方法、費用の負担割合などについても明確にしておきましょう。

　最後に、契約の当事者ですが、要役地の所有者と承役地の所有者を契約の当事者として締結することになるでしょう。

● 一つの承役地に複数の通行地役権を設定できる

　一つの承役地に対して、複数の通行地役権を設定することが可能とされています。所有権と異なって、通行地役権は他人による土地の利用を排除するほどの強力なものではなく、その性質も他の権利(承役地の所有者の所有権など)と共存する形で発揮することが予定されているものだからです。したがって、通行地役権については複数の登記が認められます。もっとも、一つの承役地について複数の通行地役権が設定されている場合、後から登記した通行地役権者は、先に登記している通行地役権者の通行を妨げてはならない、という制限を受けることになります。

● 地役権設定契約には必要事項を確実に記載する

　通行地役権を設定する際には要役地と承役地を明確にしておく必要があります。どの部分が契約対象の土地であるかをはっきりさせておくことで、後のトラブルを防止できます。

　地役権の存続期間も記載します。期間を定めないで地役権を設定することも可能ですが、通常はあらかじめ存続期間を決めておきます。

　地役権の対価についても契約書に明記します。対価の額（当事者の話し合いで決めた額、または近隣の相場などを基準にして裁判所が決めた額）、支払期日、支払方法などできる限り細かい内容まで取り決めをしておきます。

　地役権設定契約の解除の方法についても定めておきます。特に、対価の不払いを解除事由として記載しておくことで、支払いがなされないときにスムーズな契約解除が可能になります。

　必要があれば、通行方法まで決めておきます。たとえば、土地の上を自動車で通過することを禁止し、徒歩・自転車でのみ通行してもらいたいと考えた場合には、そのことを契約書に記載します。

　また、地役権設定契約を自動更新することを考えているのであれば、そのことを記載します。ただし、自動更新せずに契約を終わらせることも視野に入れ、「契約を更新しない場合には、契約満了時の〇か月前までに通知をする」といった文言を入れておきます。

■ 複数の通行地役権の設定

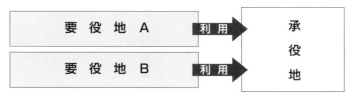

※要役地Aの所有者も要役地Bの所有者も、同じ土地を承役地として利用できる

書式　通行地役権設定契約書の例

私道用土地通行地役権設定契約書

　承役地所有者○○○○を甲、要役地所有者○○○○を乙として、甲乙両者間において以下の通り、通行地役権設定契約を締結する。

第1条（本契約の目的）　甲は、その所有する別紙記載①の土地（以下「本件承役地」という）上に、乙が所有する別紙記載②の土地（以下「本件要役地」という）から公路に至る通行に利用する目的で、乙に対し通行地役権を設定する。

第2条（設定登記の期日）　甲は、乙のために第1条に定める地役権設定登記手続を、令和○○年○月○日までに行うものとする。

第3条（地役権設定の対価）　前条の地役権設定登記申請と同時に乙は甲に対し地役権設定の対価として金○○万円を一時金として支払うものとする。

第4条（通行料の支払方法）　乙は、甲に対し、承役地の通行料として下記金額を下記方法によって支払う。
① 　金額　　　　　毎月　金○○○○○円
② 　支払金額　　　甲指定の金融機関への振込み

第5条（通行料の増額請求）　近隣の地価の変動に応じ、甲は乙に対し前条の通行料の増額を求めることができる。

第6条（地役権の附従性）　乙が本件要役地を譲渡するときは、本契約上の地役権も本件要役地の譲受人に移転するものとする。

第7条（存続期間）　本件地役権の存続期間は、本契約締結の月から20年間とする。

2　契約期間満了時に、双方から何らの意思表示のない場合には、同一の条件で地役権が設定されたものとし、以後も同様とする。

第8条（契約解除）　乙が第4条に定める通行料の支払いを怠り、その他契約上の義務に違反した場合は、甲は相当の期間を定めた催告の上、本契約を解除することができる。なお、損害があるときは乙に対しその賠償を請求することができる。

　上記契約がここに成立したことを証するため、甲乙双方が記名押印する。又、本契約書を2通作成し、甲乙各自1通を保有することとする。

令和○○年○月○日

　　　　　　　　　　　　　　　○○県○○市○○町○丁目○番○号
　　　　　　　　　　　　　　　甲　　　　　　　　○○○○　　㊞
　　　　　　　　　　　　　　　□□県□□市□□町□丁目□番□号
　　　　　　　　　　　　　　　乙　　　　　　　　○○○○　　㊞

5 通行地役権が消滅する場合や時効取得できる場合がある

善意無過失なら10年、それ以外なら20年で時効取得する

◉ 時効取得するには権利が表現されていることが必要

　取得時効とは、長い間土地等を使用し続けることで、その土地等を使用している者が権利を取得する制度のことです。取得時効により権利を取得することを「時効取得する」ということもあります。

　通行地役権の取得時効が成立するためには、まず、土地の通行が平穏かつ公然と自分のために行われていることが必要です。次に、取得時効が成立するまでの期間について、通行を始めた時点で、通行者が自分に地役権があると信じたことに落ち度がなかった（善意無過失）場合は、10年間の継続使用が必要です。通行を始めた時点で、通行者が善意無過失でなかった場合は、20年間の継続使用が必要です。

　以上の要件を満たしていることを前提に、通行地役権を時効取得するためには、土地を通行するという権利の内容が継続的に行使されており、外部からそのことが認識可能であることが必要です。そして、地役権は土地同士の関係なので、通行する土地（承役地）に権利としての表現があるべきだと考えられています。「権利としての表現」というのは、具体的にいえば、承役地に道路を開設することが必要であることを意味し、単に広い空き地を通行しているだけでは権利としての表現があるとはいえず、通行地役権を時効取得できないのです。

　道路として開設されたことが必要と述べましたが、最高裁判所の判例によると、通行地役権を時効取得するためには、地役権者自身で道路を開設することが必要です。地役権者が自ら道路を開設していなければ、他の要件を満たしていても、最終的に裁判で決着をみる場合には、時効取得が認められない可能性が高いので注意が必要です。

第4章　道路の通行権をめぐる法律問題　**175**

● 通行地役権が消滅する場合とは

　通行地役権は、これを設定した承役地を使用しないでいると、消滅してしまう可能性があります。まず、通行地役権は、第三者が承役地の所有権を時効取得すると、それに伴って消滅するのが原則です。ただし、例外として通行権者が承役地の通行をしていれば、第三者が承役地の所有権を時効取得しても通行地役権は消滅しません。つまり、承役地の通行をしないでいると、第三者による承役地の所有権の時効取得によって通行地役権が消滅することに注意が必要です。

　次に、第三者が承役地を時効取得しなくても、20年間通行地役権を行使しなければ、時効により通行地役権が消滅してしまいます。

　さらに、通行地役権設定契約で定めた消滅事由が生じた場合や存続期間が満了した場合にも、通行地役権は消滅します。債務不履行が発生することで通行地役権設定契約が解除された場合にも、通行地役権は消滅します。たとえば、通行権者が契約で定めた地代を支払わなければ、承役地の所有者は、債務不履行を理由として地役権設定契約を解除できます。なお、特殊な事例ではありますが、土地が収用された場合にも地役権は消滅します。

■ 地役権の消滅

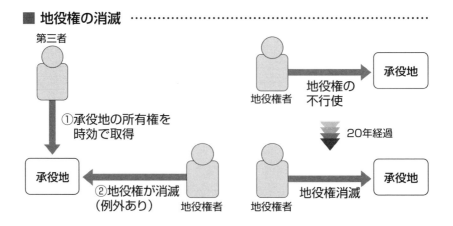

相談 長年使っていた通路を突然「通るな」と言われた

Case 私はここ7年ほど、Aさんの土地を通行していました。Aさんと通行地役権の設定契約をしたことはありませんが、特に何もいわれませんでした。最近、Aさんから土地を通行しないようにと言われました。私に通行権は認められないのでしょうか。

回答 通行地役権があると認めてもらえるかどうかは、次の2点から考えてみましょう。つまり、取得時効が成立しているのではないかという点と、黙示の地役権が成立しているのではないかという点です。

取得時効とは、所有権などの財産権を、一定の条件下で、一定期間経過すると取得できる場合を法律で定めた制度です。相談のケースの場合、地役権を時効取得する場合の要件を検討します。地役権の場合は、自分のためにする意思をもって、平穏かつ公然と一定期間行使すると時効取得できます。地役権がないことについて悪意または有過失の場合は20年間、善意無過失の場合は10年間、継続して権利を行使すると時効取得を主張できます。しかし、あなたの場合は7年ですから、現段階では時効取得できません。

次に、通行地役権の黙示的設定を主張する点についてです。黙示による地役権設定が認められるには、通行していた事実と所有者が黙認していた事実だけでは足りません。通行地役権の設定を認めないと不合理な結果となる特別の事情がなければ、黙示的設定が認められません。以上から、あなたの場合は、通行地役権が認められる可能性は低いといえるでしょう。

相談 長年駐車場にしていた土地を突然「使うな」と言われた

Case 私（X）は、ある土地を所有している者です。この土地は、

第4章　道路の通行権をめぐる法律問題　**177**

もともとＡが所有していた土地でした。この土地を甲地と乙地に分割して売りに出すという話があったので、私とＹはそれぞれ購入したのです。私が購入した甲地は袋地ではありませんが、車を止めるためにはＹの所有する乙地を利用するしかありません。私は長年にわたり、車を止めるためだけでなく、歩く場合にも乙地を通行し、これに対しＹは何の異議も唱えませんでした。しかし、最近になり突然Ｙから「Ｘにこの土地を通行する権利はない」と主張され困っています。

回答 通行地役権は契約（通行地役権設定契約）により発生しますが、契約するとの意思表示は明示の場合だけでなく、黙示の場合もありえると考えられています。黙示の通行地役権設定を認めるための要件は、①通行の事実、②所有者が通行を黙認していること、③所有者が通行地役権を負担することにつき客観的に合理性のある特別の事情が必要と判断した裁判例があります。簡単にいうと、「これなら通行地役権があると判断してもよいといえる場合に、黙示の通行地役権設定を認める」という微妙な判断となってしまいます。

　相談のケースの場合、車や徒歩での通行の事実、Ｙの黙認の事実、地域柄による車の必要性などから、①〜③の要件を満たし、黙示の通行地役権設定が認められる可能性が高いと考えられます。

相談　遺産分割で得た袋地に通行地役権は認められるのか

Case 先日死亡した私の父は、土地を所有していました。この土地は、北・西・南側が公道とかなりの高低差があり、東側だけ公道と平坦に接しています。ですから公道に出るためにいつも東側まで行く通路を利用していました。父が死んでから遺産分割協議がなされ、それによって私は父の所有していた土地の一部を相続することになりました。私が相続した土地は西側半分で公道に面していない部分です。私

は、公道に面している部分を有している他の相続人に通行権を主張したいと考えているのですが、この主張は認められるでしょうか。

回答 まず、遺産分割協議において、通行地役権が設定されているかが問題となります。地役権に関する明示的な取り決めがなされていれば問題ないのですが、明示的な取り決めがない場合、黙示の合意の存在が問題となります。黙示の合意の存在を認定するには、前ページで述べたように、通行の事実と承役地の所有者による通行の黙認、及び通行地の所有者が通行地役権を負担することについて客観的にみて合理性があると考えられる特別の事情が必要とされています。

今回の場合がこの裁判例の挙げた要件に該当するかを即断することは難しいですが、認められれば通行地役権を主張できます。

なお、今回の場合に関しては、北・西・南側が公道とかなりの高低差があるという事情から、相談者の土地は袋地にあたり、民法が規定する袋地通行権を主張して、通行することができると考えられます。

相談 黙認していた私道の通行を禁止したい

Case 両親の代から隣のＡさんとは良いお付き合いで、Ａさんは自宅の玄関から公道に出られますが、私の家の通路を経由した方が繁華街に近いため、買物のときなどはＡさんも通行し、私はそれを黙認していました。しかし、Ａさんは日照や騒音などを理由として私たちが反対しているのに、３階建の店舗併用住宅を建築しました。近所の意見を無視する人に私の敷地内の通路を利用させたくありません。通路のＡさん宅側に塀や金網を設置しても問題ないでしょうか。

回答 相談の趣旨から、相談者の敷地の通路は、相談者専用のものと見受けられます。Ａさんの通行を黙認していただけであれば、通行

第４章　道路の通行権をめぐる法律問題　**179**

についてＡさんとの間で契約を結んでおらず、しかも玄関から公道に
出られることから、Ａさんは、相談者の土地の通行に関する法律上の
権利を持っていないと考えられます。これを前提にすれば、相談者の
所有する土地内に通常の塀や金網を設置するのは問題ないでしょう。

　Ａさんは、権利の濫用、既得権の侵害などを理由に通行権を主張し
てくるかもしれません。しかし、Ａさんは玄関から公道に出ることが
できることや、相談者の土地と知って通行していたことなどから、こ
れらの主張は認められないと考えられます。さらに、Ａさんは自ら通
を開設していないので、通行地役権の時効取得の主張も認められない
でしょう（175ページ）。

相談　無断で通行していた私道が第三者の手に渡った

Case　私は、自宅に接する通路の所有者Ａさんとの間で、その通路
を無償で通行させてもらえる契約を結んで通行してきました。念のた
め双方で覚書も交わしています。しかし、Ａさんが他の自分の土地と
いっしょにその通路をＢさんに売却して登記を経由した後、Ｂさんは
私が通路を利用できないように塀を設置してしまいました。私は、覚
書を見せて、無償ながら通行を認めてもらっていたことを説明しまし
たが、聞き入れてもらえません。私は、塀の排除の請求や通行権の主
張ができるでしょうか。

回答　相談者とＡさんとの間では、おそらく通行地役権設定契約が
結ばれていたと考えられます。無償なので賃貸借契約を締結していた
と考えることができません。したがって、Ｂさんに対して通行地役権
を主張するためには原則として、Ｂさんが所有権移転登記を経由する
よりも前に、通路がある土地（承役地）について通行地役権設定登記
をしていたことが必要です（例外については170ページを参照）。通行

地役権設定登記がなければ、Bさんに対して通行地役権を主張できない結果、塀の排除も請求できないことになります。

相談者がAさんとの間で結んだ契約は、当事者間では有効です。覚書まで交わしていたわけですから、Aさんとの間では通行地役権があったといえるでしょう。しかし、このような契約に基づく通行地役権の存在を承役地の譲受人（Bさん）に対して主張するためには、原則として、承役地の譲受人が所有権の登記を経由するよりも前に、承役地に通行地役権の設定登記をしておくことが必要になるのです。

相談　地主から通路の通行を禁止された

Case 私は、地主から土地を借り、自宅を建てて30年ほど住んでいます。この借地は袋地のため、隣接する地主の土地内の私道を通って公道に出ています。この通行については特に契約などを交わしていませんでしたが、借地契約のとき以来、暗黙のうちに了承されていました。しかし、先日「この通路を通らないように」と地主から言われてしまいました。私はここを通れなくなるのでしょうか。

回答 自分の土地が他人の土地に囲まれて、公道に出るのに他人の土地を通らなければならない場合に袋地通行権が認められます。しかし、相談の事例はこれにあてはまりません。相談者が賃借している借地も、隣接する公道に出るための土地も、すべて同じ地主の土地であり「他人の土地」で囲まれていないからです。したがって、袋地通行権の主張はできません。しかし、相談の事例のように建物所有目的の土地賃貸借（借地権）の場合には、特に明示して土地賃貸借契約の中で通路について取り決めがなくても、当然に通行権が発生すると考えられています。言いかえると、土地賃貸借契約の一部または従属する権利として、隣接する地主の私道を通る権利があると考えられます。

第4章　道路の通行権をめぐる法律問題　**181**

このように、土地賃貸借契約で通行権について謳われていなくても、相談者は地主の私道を通ることができます。これを契機として、地主と通路について確認し合い、契約書に明記するとよいでしょう。

相談 借地の購入で借地権が消滅した場合の通行権はどうなる

Case 20数年前より、地主の土地の奥を借りて家を建てて住んでいます。公道に出るためには、地主の他の土地を通らなければならないので、あわせてその通行も認めていただいていました。このたび、自宅として使用している部分を地主から購入することになりましたが、この公道までの通路の通行権はどのようになるのでしょうか。

回答 相談の内容から、相談者は自宅用地としていた宅地の借地契約に従属して、地主の土地にある通路を通って公道にでる権利をもっていたと考えられます。自宅用地の購入によって借地契約が終了すると、それに従属していた通行権がどのようになるのかが問題になります。借地の売買契約で、問題の通路部分も含めて契約されていれば、それに従うことになりますから、売買契約の際に、売主との間で通行権についても確認し、契約に取り込むことが望まれます。今回は、20年以上のお付き合いの地主との売買ですから、前述の方法で契約できる見込みは高いと思われますが、そうではない場合は新しい通行権を考える必要があります。たとえば、相談者と地主の間で、通行地役権を設定することが考えられます。また、相談者が購入したことで、その土地が袋地となり、公道に出るために地主の土地を通るのが最も損害が少ないといえるのであれば、袋地通行権が認められることも考えられます。いずれにしても、通行権を確保する契約の締結後は、通行地役権などの登記をしておくことをお勧めします（168ページ）。

第5章

私道をめぐる法律問題

建築基準法上私道はどう扱われるのか

建築物の敷地は道路に2m以上接している必要がある

● みなし道路（2項道路）とは

　みなし道路は「2項道路」とも呼ばれるもので、本来は建築基準法上の道路として認められない道幅の狭い道路を、便宜上、建築基準法上の道路であるとみなすようにしたものです（24ページ）。

　建築基準法上の道路は、原則として幅員が4m以上のものに限られています。ただ、この規定の適用を受ける前に、幅員4m未満の道路にしか接していない住宅などが建てられていました。住宅を含めた建築物の敷地は、建築基準法上の道路に2m以上接していなければなりませんが（接道義務）、これを満たさない既存の住宅などが違反建築物とならないよう、敷地に接する道路が幅員4m未満であっても、その道路を建築基準法上の道路とみなすことを可能にしました。

　敷地前の道路がみなし道路である場合、道路の中心から2mまでは道路であるとみなされます。そのため、その敷地に新しく住宅を建てたり、既存の住宅を取り壊して再築する場合には、道路とみなされる敷地の部分（道路の中心から2mまでの部分）には住宅を建てることができないことに注意が必要です（セットバック）。

● みなし道路はどのように指定されるのか

　みなし道路の指定については、敷地の所有者といった関係者が申請するわけではなく、特定行政庁（23ページ）から一方的にみなし道路であると指定されます。指定の方法も、個別的に指定される他、告示などによって包括的に指定されることもあります。敷地に接する道路がみなし道路に指定されると、上記のセットバックなどの建築制限が

生じます。このように、みなし道路は敷地の所有者などが関与しないところで指定されますから、実際に不利益が生じる場合には、行政不服審査や行政事件訴訟を起こすことになります。

● 敷地の境界線に私道を造るときの注意点

複数の敷地の境界線に私道を造るときは、①敷地の一部を通路として提供し合って分筆しない方法と、②私道部分を敷地部分から独立させて分筆する方法があります。①の分筆しない方法をとると、敷地の権利関係が不安定な状態のままとなってしまいますから、②の分筆する方法をとるとよいでしょう。

②の分筆する方法をとる場合は、私道部分をさらに分筆してそれぞれを単独所有にする方法と、私道部分を共有する方法があります。

このうち単独所有の方法をとると、単独所有となった私道を勝手に利用する者が出てきた場合に、その利用者に対して、単独所有をしていない側（私道の所有権を持っていない側）が対抗手段をとることができなくなる可能性があります。したがって、敷地の境界線に私道を造る場合には、私道部分を分筆した上で、全員の共有にする方法をとるとよいでしょう。

なお、分筆した私道部分について道路位置指定（次ページ）を受けておくと、後に当事者の中の誰かが気が変わって位置指定道路を廃止しようとしても、全員の承諾が必要になります。

● 建築基準法の規定に違反しないようにする

建築確認を受けるためには、原則として、敷地が幅員4m以上の道路に2m以上接しているという基準（接道義務）を満たすことが必要です。また、分筆する際にも、建築基準法上の基準も満たすようにしなければ、道路位置指定を受けられず、結果として建築物を建築できないこともありますから注意が必要です。

第5章　私道をめぐる法律問題　**185**

道路位置指定を受けるにはどうしたらよいのか

さまざまな要件を満たした上で特定行政庁に申請をする

● 建築基準法が要求する道路でなければならない

　災害時の避難や活動に備えるため、都市計画区域に建築物を建てるためには、原則として、その敷地が建築基準法上の道路（24ページ）に2m以上接する義務があります（接道義務）。そのため、特に敷地が公道（道路法による道路など）に接していない場合には、建築基準法上の道路に接するようにしなければなりません。

● 道路位置指定の行政処分を受ける必要がある

　土地を造成して分譲するときなど、それまで建物の前に道がなかったところに、単に道（私道）を造っただけでは、建築基準法上の道路としては認められません。完成した道について位置指定を受ける必要があります。具体的には、特定行政庁が行う道路位置指定という行政処分を受けて、建築基準上の道路のひとつである位置指定道路に接しているものと扱われるようにする必要があるのです。

　このように、それまで道がなかったところに道を造って、建築基準法上の道路として指定してもらうことを「道路位置指定」と呼び、道路位置指定を受けた道路のことを位置指定道路といいます。道路位置指定は、特定行政庁（建築主事が置かれている地方自治体の市町村長または都道府県知事のこと）が行います。

　造った道（私道）について道路位置指定を受けるためには、細かく設定された要件を満たす必要があります。たとえば、道の両端が他の道路に接して行き止まりでないこと（通り抜け道路）を必要とするのが原則です。ただし、行き止まりの道路（袋路状道路）の場合は、道

の幅員6m以上（幅員6m未満の場合は長さ35m以下）といった要件をみたすことが要求されています。その他、公道との交差部（角地）に隅切りがあること、側溝などの施設を設けること、砂利敷などの軟弱な構造でないこと、勾配が基準以下であることなどの技術的な基準に適合することも必要です。

　位置指定の申請は、私道がある地域の特定行政庁に対して、私道を造る者が行います（私道の所有者であることを必要としません）。申請時期の制限はありませんが、道路位置指定を受けられないこともありますので、事前に申請したほうがよいでしょう。申請書には図面類の他に、道路になる土地の権利者の承諾書が必要です。道路位置指定を受けると建築基準法上の道路として扱われる結果、道路部分の土地の利用について制限を受けることになるからです。

◉ 道路位置指定を受けるための手続き

　道路位置指定の申請は、道をつくろうとする人が、その道が所在する特定行政庁の建築担当課の窓口に行います。この申請は道の築造後でもかまいませんが、位置指定道路としての基準を満たしていない道を完成させてしまうと、そのままでは道路位置指定が受けられなくなるので、事前に申請を行うことが望まれます。申請をする際は、申請書に見取図、地積図、土地などの権利者の同意書を添付します。

　このように申請した結果、基準を満たすとして道路位置指定を受けた場合には、その道（私道）が前述した接道要件を満たす建築基準法上の道路とみなされ、一般人の通行に利用されます。それだけ公益性の高いものになりますから、位置指定道路における建築が制限されるなど、私道であるとしても、その利用が制限されます。また、位置指定道路の廃止や変更をするときは、最初の道路位置指定と同様、特定行政庁に申請して、廃止や変更の指定を受けることが必要です。位置指定道路は勝手に廃止や変更を行えないことになります。

第5章　私道をめぐる法律問題　**187**

位置指定道路の通行の自由について知っておこう

道路の維持管理のために合理的で必要な限度で通行を制限できる

● 道路の所有者はどの程度の通行制限をすることができるのか

　道路位置指定を受けて建築基準法上の道路となった位置指定道路の所有者は、その自由な利用を制限されます。その結果として、第三者による自由な通行が事実上認められることになります。

　位置指定道路の所有者は、その道路の維持管理のため、合理的で必要な限度で、通行制限が認められます。しかし、位置指定道路の通行について日常生活上不可欠の利益を持っている人がいる場合においては、その人の通行利益を上回る著しい損害が生じるなどの特段の事情がない限り、位置指定道路の所有者は、その人に対して通行制限を請求できない（通行を受忍する義務を負う）とした最高裁判所の判例があることに注意を要します。

● 障害物の撤去などをどのように求めるのか

　建築基準法上の道路に該当する場合、建築物を道路内に造ることや、建築物を道路に突き出すことが禁止されています。したがって、道路位置指定を受けた私道に設置された塀などの障害物は、建築基準法に違反するので、塀などが完成している場合、特定行政庁は、違反建築物の所有者に対し、猶予期間を与えて違反建築物を取り除くか、他の場所に移す、造り直すといった措置を講じるよう命じることができます。最終的には行政代執行によって強制的に除去されます。反対に、塀がまだ完成していない場合は、特定行政庁によって緊急停止命令が出されます。いずれの場合も、特定行政庁に違反建築物があることを報告し、上記の権限を行使してもらうとよいでしょう。

相談　私道を通行する者を制限できるか

Case　私の土地の借地人が使いやすいようにと幅員の広い私道を作ったところ、無関係な人々が、当然といった態度で、長時間車を駐車したり通り抜けるなどしています。借地人以外の者が通れないようにバリケードを作りたいのですが、可能でしょうか。

回答　道路交通法によると、みだりに道路に物を置いて交通を妨害することが禁止されています。バリケードを作ることが道路交通法に違反するかどうかは、相談の私道が道路交通法上の道路にあたるかどうかによります。道路交通法上の道路は「一般交通の用に供する場所」と定義されています。つまり、不特定多数の者が自由に通行できる状態である場合に、道路交通法上の道路に該当します。

　質問の道路は、借地人が公道に出るための通路で、不特定多数の者の通行を予定していませんから、借地人以外の者が通行したり駐車していても「一般交通の用に供する場所」とはいえず、道路交通法上の道路にあたらないと考えられます。したがって、相談の私道内に借地人の通行を妨害しない形でバリケードを設置するのであれば、原則として可能といえるでしょう。

　もっとも、相談の私道が位置指定道路である場合には、特段の事情がない限り、その通行について日常生活上不可欠の利益を持っている人の通行を妨害できませんから（前ページ）、バリケードの設置を控えるべきでしょう。

相談　私道を自動車で通行することは制限されるか

Case　我が家は、Ｘさん所有の私道を通行して公道に出ています。今までは車もなく不便でしたので、今度車を買って、自宅の敷地内に

第5章　私道をめぐる法律問題　**189**

車庫も作る予定です。ただ、車の出入りをするのに、Xさんの土地を
そのまま通行してよいのでしょうか。

回答 まず、家の敷地が袋地にあることを理由とする袋地通行権を
根拠として私道を通行している場合、その私道が車の通行ができるほ
どの幅員があれば、車の通行が認められるでしょう。私道が建築基準
法上の道路位置指定を受けている場合、幅員が4mまたは6m以上あ
るはずですから、車の通行について問題はないでしょう。しかし、私
道の幅員を拡張しなければ車の通行ができない場合には、車の通行が
囲繞地所有者（Xさん）にとって最も損害の少ない場所・方法（30ペー
ジ）を超えると考えられるため、車の通行は認められないといえます。

次に、通行地役権を根拠して私道を通行している場合、契約内容と
して将来的な車の通行を予定していれば、車の通行が認められること
になるでしょう。しかし、そうでない場合が多いと考えられ、車の通
行が認められるには、車の通行についてXさんと改めて合意し、契約
内容を変更することが必要です。

相談 マンション内の私道で自動車の通行を制限したい

Case 私が住んでいるマンションには住民の共有スペースとしての
私道があるのですが、最近関係ない人が自動車で通り抜けるように
なってきました。自動車通行の禁止や制限をすることは可能ですか。

回答 道路交通法上の道路は「一般交通の用に供する場所」と定義
されています。つまり、不特定多数の者が自由に通行できる状態であ
る場合には、たとえ私道であっても道路交通法上の道路に該当します。

しかし、マンションの共有スペースとしての私道は、不特定多数の
者による通行を予定していないのが通常です。したがって、質問の私

道は道路交通法上の道路にはあたりませんので、通行を承諾していない人による自動車の通行を禁止したり、制限することは、原則的には問題ありません。たとえば、自動車の通行時間帯を制限することも可能ですし、私道の自由通行は歩行者・自転車だけとし、マンション住民以外の第三者による自動車の通行は一切禁止することも可能です。ただし、相談の私道が位置指定道路である場合には、特段の事情がない限り、その通行について日常生活上不可欠の利益を持っている第三者の通行を妨害できないとした判例があります。

　もっとも、通行権のあるマンション住人による通行を認めながら、それ以外の第三者による通行を禁止することは、監視などの具体的な手段を講じない限り、実際には難しいといえるでしょう。たとえば、管理用の設備を設けるといった工夫が必要となります。

相談　自己所有の私道を不法占拠されたらどうすればよいか

Case　私は私道である位置指定道路の所有者です。この私道は所有者といっても自由に利用できず、袋地通行権や通行地役権によって通行権をもっている人による通行を認めるべき点は理解しているつもりです。しかし、私道が不法占拠されて通行が妨害されている場合、それを取り除くために妨害排除請求をすることや、不法占拠のために生じた損害の賠償請求はできるのでしょうか。

回答　道路は公共性の高いため、相談者も理解されているように、袋地所有者や通行地役権者との権利調整を図るための制限がある他、位置指定道路であることによる建築制限などが及ぶことを受忍しなければなりません。しかし、これら所有者に対する制限は、公共性や袋地所有者などとの権利調整のためですから、不法占拠者や通行妨害者との関係では、権利調整などの理由もなく、これらの人に対して妨害

第5章　私道をめぐる法律問題　**191**

排除や損害賠償の請求ができると考えられています。

このうち損害賠償請求については、損害額がどの程度なのかが問題となりますが、最終的には個々のケースによります。たとえば、私道が不法占拠されたときは、私道の賃料相当額を損害額とした裁判例があります。また、通行権が侵害されると日常生活に支障が生じ、肉体的にも精神的にも苦痛を受けるとして、慰謝料請求ができるとした裁判例もあります。なお、妨害排除請求や損害賠償請求の多くの場合は訴訟手続きに至り、訴訟費用や弁護士費用などもかかります。裁判例の中には、これらの費用も損害額として認めたケースがあります。

相談　一般の使用を黙認してきた私道を閉鎖したい

Case　私は自宅兼店舗でプロパンガス店を営んでいます。プロパンガスの搬出のため、敷地のほぼ中央に幅員4m程度の私道をもっています。このたび、ガス配給元の都合で別に倉庫を借りることになり、私道が不要となったので廃止しようと考えています。ただ、気がかりなのは、スーパーなどへの近道として、近所の人が私道を利用していたことです。私は長年これを黙認してきましたが、このような事情があっても私道を廃止できるのでしょうか。

回答　袋地通行権や通行地役権などの設定がなく、建築基準法による道路位置指定を受けていなければ、単なる私道と扱われるので、原則として自由にその私道を変更したり廃止することができます。しかし、私道の廃止・変更が他人を困らせることだけを目的にしている場合などは、権利の濫用にあたります。権利の濫用かどうかは個別に判断されますが、私道の変更・廃止に正当な目的があり、その目的の達成に必要なものであれば、権利の濫用にあたらないと考えられています。

相談の事例にこの考え方をあてはめます。相談者は、別に倉庫を借

りることになり、私道が不要となったのが廃止の理由です。これはプロパンガス店の経営上の理由があるといえます。一方、スーパーなどへの近道であって、私道がないと不便になるものの、生活に不可欠とまでは考えられません。これらの事情から、相談の事例では、私道を廃止が権利の濫用にあたらず認められると考えられます。

相談　記念樹を移動せずに私道を作りたい

Case　自宅建築の際、敷地内に幅員４mの私道を造ることになりました。しかし、私道にする予定の区域内に、私の息子の誕生記念に植えた桜があり、これを残したいと思います。この桜の木を残して私道とすることは建築基準法に違反するのでしょうか。

回答　相談の私道が建築基準法の適用を受ける道路かどうかによって結論が変わります。建築基準法の適用があるかどうかによって、私道に建築物や工作物を設置したり、私道を自由に変更や廃止をしたりすることができるかどうかが決まってくるからです。

　まず、相談の道路が建築基準法の適用を受けない私道の場合には、権利の濫用にあたらなければ特に問題はないと考えられます。

　反対に、建築基準法の適用を受ける道路の場合には、私道に建築物や工作物などを設置することができません。建築物には、建築物のひさし、軒どい（軒樋）、外開きにしたドアなども含まれます。相談の桜の木がこれらの建築物や工作物にあたれば、建築基準法違反となります。しかし、法律の定義上は、すでに存在している桜の木は、建築物や工作物にあたらない既存樹木とされています。以上から、相談者が心配されている建築基準法違反にはあたりません。

　ただし、道路の使用を制限するのは、建築基準法だけでなく、道路交通法、都道府県条例などの規制も受けます。これらの法令に違反し

第5章　私道をめぐる法律問題　**193**

ていないかどうかも確認するようにしてください。

相談 私道に杭を打たれ通行を妨害されたときは

Case 私の家は袋地にあり、Mさんが所有している私道を通って公道に出ています。ところが、Mさんが、突然私道に杭を打ってしまったため、通行できなくなってしまいました。Mさんに杭を抜くように請求したいのですが可能でしょうか。また、杭を打たれたことで蒙った損害について、賠償請求をしたいのですが、できるでしょうか。

回答 あなたは袋地に建てられた家に住んでいますから、公道に出るためにはMさんに袋地通行権を主張することが考えられます。ただ、袋地通行権が認められる土地がMさんの土地なのか、それとも別の人の土地なのかによって、あなたが杭を抜くように請求できるかどうかが異なります。

　まず、袋地通行権がMさんの土地に対して認められる場合についてです。この場合、袋地通行権を直接の根拠として、Mさんの私道の通行妨害排除の請求ができます。通行妨害によって損害が生じている場合は賠償請求も認められます。なお、あなたの住む家が袋地の借地権に基づく場合、借地権の登記または借地上に建っている家の登記がなければ、袋地通行権を根拠とした請求ができません。

　これに対し、袋地通行権が認められる場所がMさんの土地でない場合には、あなたはMさんの私道について袋地通行権の主張はできません。つまり、あなたが私道を通るのをMさんが見過ごしてくれていただけといえるため、杭を抜くことを請求できないのが原則です。ただし、杭を打つことが権利の濫用にあたると認められれば、杭を抜くように請求できる可能性があります。

相 談 私道に駐車されて通行しにくくなった

Case 　私は、Ａ所有の私道について通行地役権を持ち、私道を通り
公道に出ています。最近、Ａ所有の土地に新たにＡが建築したアパー
トの住人が、Ａ所有の私道に車を止めるようになり、通行しにくく
なっています。アパートの住人に対して、通行地役権に基づいて車の
駐車を禁じたいのですが可能でしょうか。

回 答 　私道に車を駐車している状態は「停車」「駐車」「自動車の保
管場所として使用している状態」に分けられます。質問の車の駐車が
どの状態かにより、駐車を禁止できるかどうかの結果が異なります。

　駐車とは、自動車が継続して停止している状態をいいます。運転者
が停止した車から離れ、すぐに運転ができない状態も含みます。停車
とは、駐車以外の状況で自動車が停止している状態をいいます。たと
えば、人の乗り降り、荷物などの積み下ろしのための５分以内の停止
など、いつでも発進できる状態を指します。自動車の保管場所として
の使用とは、車庫として土地を使うような場合をいいます。

　停車については、通行方法の一形態といえるため、禁止することは
できません。駐車については、停止している時間の長さによって異な
ります。短い場合は停車と同じ結論になるのに対し、長い場合は通行
の一形態といえなくなります。そして、停止している時間が長い場合
や保管場所としての駐車の場合は、道路を駐車場として利用している
ことになります。これらの場合は、私道を通行する権利を妨害されて
いますから、通行地役権に基づく通行妨害排除請求が可能です。

相 談 近隣共同で作った私道のトラブルを防止したい

Case 　近所と協議して各自の土地を提供しあって車の通れる幅員の

第5章　私道をめぐる法律問題　**195**

私道を設置することになりました。将来子供の世代になっても、このことでトラブルを起こしたくないと皆が思っていますが、よい対応策はありますか。

回答 共同で私道を設置した後、時間の経過により事実関係が不明確になる可能性があります。私道関係のトラブルの防止には、私道の通行について契約書を作成しておくなど、事実関係を明確にしておくことが第一歩です。ただ、契約書の紛失や、売買で新規に住人となった人には契約の効力が及ばないという欠点があります。

次に、私道を共有にすることが考えられます。共有にすることで、お互いに持分に応じて私道を使用できる他、勝手に私道の変更・処分（廃止など）ができなくなります。ただし、共有であるとの登記をしないと第三者に主張できません。

さらに、通行地役権（167ページ）の設定が考えられます。自分の土地を要役地、私道を承役地として、お互いに通行地役権設定契約を結びます。また、建築基準法に基づいて、道路位置指定（186ページ）を受ける方法や、建築協定（42ページ）を締結する方法が考えられます。これにより、私道の廃止や変更が制限され、建築制限の面からも私道の確保を期待できる他、売買で新規に住人となった人にも効力が及ぶことも利点だといえます。

以上の方法が考えられますが、私道はトラブルが生じやすいので、市区町村への寄付といった方法により、公道に編入してもらうことも検討するとよいでしょう。

相談 私道通行者から通行料を徴収することはできるのか

Case 私はAに土地を貸しており、Aはその土地を資材置場として利用しています。3か月ほど前に、私がAのためにお金をかけて私道

を設置したところ、駅への近道として勝手にこの私道を使う人が増えています。腹が立つので通行料をとろうと考えていますが、法的な問題はあるでしょうか。

回答 私道を通行する第三者に対して、恩恵的に通行することを黙認している状況で、第三者が通行しはじめてから長期間が経過していた場合には、暗黙のうちに通行する権利のようなものを第三者に与えたとみなされ、通行を阻止することが違法とされることがあります。通行されている状態を長年黙認していた場合、そこには通行を承諾する黙示の意思が介在していたと評価されますし、永続した事実状態は尊重されるべきであると考えられます。このように考えられる場合には、通行料を支払えという主張が権利の濫用と評価すべきであって、通行人は通行料を支払う義務はないといえるでしょう。

　これに対し、私道を通る第三者に対し、単に恩恵的に通行を阻止しなかった状況で、私道を開設してからまだ日数が経っていない場合であれば、あなたが考えているように通行料を設定し、料金を支払わない者の通行を認めないようにすることができます。

　相談の事例では、私道を開設してからまだ3か月ほどしか経っていませんので、有料化については問題ありません。私道は、私人が特定の人の通行を可能とするために私有地を道路にしたものですから、他人を有料で通行させることもできますし、第三者の通行を受忍する義務を負っているわけでもありません。ただ、あなたは土地を借りているAのために道路を設置していますから、Aは無料で通行できる権利を取得していると思われるので、Aに対しては一方的に通行料を要求することはできません。

第5章　私道をめぐる法律問題　**197**

相談 私道にかかる税金

Case 父が亡くなり、実家を相続しましたが、その実家には隣接する私道があります。私道についても支払わなければならない税金があるのでしょうか。また、私道が道路位置指定を受けているような場合には、何か異なる扱いを受けることはできるのでしょうか。

回答 私道は、道路ではありますが、個人が所有している土地ですので、さまざまな税金がかかります。

　私道にかかる税金としては、私道を取得する際の不動産取得税、登記申請をする際の登録免許税、私道の所有に対して毎年かかる固定資産税があります。また、都市計画区域内に存在する私道であれば、毎年かかる都市計画税もあります。道路であっても個人の財産であることに変わりはないので、私道には税金が課せられています。

　しかし、私道と言っても、公道と同じように利用されている私道もありますし、道路位置指定を受けていれば、その道路を勝手に廃止することができません。このように、私道の所有者は、通常の土地の所有者に比べて、私道部分の土地の利用方法に制約を受けている場合があり、そのような場合には免税・減税措置がとられます。

　たとえば、私道の所有者が私道の通行に制約を設けず、不特定多数の人が私道を利用できる状態にしている場合には、その私道に対して固定資産税が免除されます。これに対し、私道の所有者が通行料を徴収していたり、夜間になったら私道を閉鎖しているような場合には、私道の通行に制約を設けていることになるので、固定資産税は免除されません。

　都市計画税についても、固定資産税と同じ基準によって免除されます。つまり、私道が不特定多数の人が無制約に利用できる状態になっていれば、その私道に対する都市計画税も免除されます。

4 道路位置指定の効果・変更・廃止について知っておこう

自由に道路を変更・廃止できなくなる

◉ 道路位置指定にはどんな効力があるのか

　道路位置指定を受けることにより、その道路（私道）は建築基準法上の道路になります。このような道路を位置指定道路といいます。

　位置指定道路に敷地が2m以上接することで、道路に敷地が2m以上接していなければ、その敷地に建築物を建築できないという接道義務を満たすことになるので、位置指定道路は建築物の建築において必要不可欠なものといえます。

　また、位置指定道路の上には建築物を建築することが原則禁止されます。同じように、塀や門なども位置指定道路の上にせり出して設置することができません。位置指定道路の上に建築物を建築しようとする者がいる場合には、特定行政庁から是正命令が出されます。

　さらに、位置指定道路は所有者以外の第三者も自由に通行することができます。これは道路が位置指定を受けたことによる事実上の効果であると考えられています。

　そして、位置指定道路の所有者であっても、自由にその道路を変更または廃止することができません。位置指定道路は、接道義務を満たして建築物の建築を可能にするために敷地の所有者が申請したもので、その敷地の所有者が自由に位置指定道路を変更・廃止することを認めると、建築物が接道義務に違反してしまう事態が生じるからです。

◉ 指定の廃止や変更を求めることができるのか

　位置指定道路となった場合には、道路の所有者であっても、その道路内にまたは道路に突き出して、建築物などを建てることが原則とし

第5章　私道をめぐる法律問題　**199**

て禁止されます。さらに、道路位置指定を受けた道路は、原則として廃止することができなくなります。道路位置指定を受けた場合には、その道路が建築基準法上の道路として扱われる（その道路に接して建築物の建築ができる）という利益を得る一方で、第三者の通行を受忍する義務も負うことになるからです。

しかし、位置指定道路として指定されたことで問題が生じることもあります。たとえば、位置指定道路を含む一帯に新たな建築物を建てようとする場合、位置指定道路があるために自由な建築ができないことになります。また、新しく公道ができたために位置指定道路が利用されなくなった場合、位置指定道路を建築基準法上の道路として残す必要性が低くなります。さらに、周辺環境の変化により、これまでの位置指定道路ではなく、別の部分を位置指定道路としたいとする要請も出てくると考えられます。

このような事情が発生する可能性があることから、各地方自治体の条例で位置指定道路の廃止・変更の手続きが規定されています。通常は、位置指定を受ける場合と同様に、特定行政庁がいる地方自治体の窓口に申請書や添付書類を提出し、特定行政庁から廃止・変更の指定を得ることで、位置指定道路の廃止・変更が可能となります。

なお、私道を廃止する場合に、廃止する道路について通行権（賃貸借契約に基づく通行権や通行地役権など）を持つ者がいると、一方的な私道の変更・廃止ができません。この場合、私道の変更・廃止について通行権者の同意が必要です。その他、私道がある土地について袋地通行権を持っている隣地の所有者がいる場合には、私道の変更・廃止が袋地通行権の侵害にあたる可能性があります。この場合、隣地の所有者に対し、公道に通じる他の通路を用意することが求められる場合があります。つまり、位置指定道路の廃止・変更が特定行政庁から認められても、私道の変更・廃止が通行権者や隣地の所有者といった者の通行権を侵害する可能性があることに注意を要します。

相談 共同で道路位置指定を受けたのにブロック塀を建てられた

Case 私と隣人のＡさんは、それぞれ敷地の一部を提供しあって私道を設置し、その私道が道路位置指定を受けています。双方が提供することで幅員４ｍ以上を確保していたのですが、Ａさんが私の敷地との境界線上にブロック塀を建ててしまいました。このため、位置指定道路である私道の幅員が３ｍ未満となり、通行への支障の他、火災が発生したときの不安もあります。Ａさんにブロック塀を取り除くように請求できるでしょうか。

回答 相談の私道は道路位置指定を受けていて、ブロック塀の設置により通行や防災面で支障があるということですから、Ａさんにブロック塀を取り除くように請求ができると考えられます。建築基準法による道路位置指定は、主に私道を建築基準法上の道路として指定し、その私道に接する敷地に建築物を建築する場合の接道要件などを満たすためのものです。しかし、道路位置指定を受けることによって、位置指定道路の所有者は、一般公衆（所有者以外の第三者）の通行を受忍する義務を負うことになる結果、一般公衆は日常生活で必要な通行の利益を受けることになります。

ブロック塀は、私道を通行する相談者や一般公衆が持っている通行の利益を妨害するものです。裁判例では、妨害物の構造、どの程度の通行制限が認められるのか、他の道路を通行するなどの代替手段があるかどうかなどを検討して、通行の利益の侵害が重大かつ継続的なものといえる場合に、ブロック塀を設置した所有者に対する撤去請求が認められると判断しています。

ブロック塀は強固で大きいものですし、火災時には多大な障害となり得ることから、通行の利益に対する侵害が重大かつ継続的なものと認められるでしょう。したがって、冒頭で述べたように、ブロック塀

第５章　私道をめぐる法律問題　**201**

を取り除くことをＡさんに請求できると考えられるのです。

相談 道路位置指定のある土地の通行を制限できるか

Case 私の土地は、幅員1.8mしかない場所を通らなければ、公道に出ることができません。そのような事情から、私はＡさんの土地に設置された通路を自動車の通路として使わせてもらっていました。Ａさんの通路は道路位置指定を受けているのですが、最近になって、Ａさんから「私が設置した通路を一切使わないように」と言われました。どうすればよいでしょうか。

回答 自動車が公道に出られないと困るでしょうから、あなたの土地の工事を行うことで、Ａさんの土地を使わずに自動車が公道に出るようにできるのであれば、Ａさんの通路を使わないようにするのがよいでしょう。

しかし、あなたの土地の工事が難しく、自動車で公道に出るために、どうしてもＡさんの設置した通路を使わなければならない場合には、Ａさんと話し合い、今までどおり自動車を通してくれるようにお願いすべきです。それでも解決できない場合は、自動車の通行妨害の排除を求めて訴訟を提起せざるを得ません。訴訟においては、Ａさんの通路が道路位置指定を受けていることを理由に、あなたにＡさんの通路を通行する利益があることや、あなたにはＡさんの通路を通行することが日常生活上不可欠であることを主張します。

なお、あなたの土地が完全な袋地であった場合には、Ａさんとの間で本格的な争いとなったとしても、あなたに袋地通行権が認められるので、Ａさんの設置した通路を自動車で通行することは、この袋地通行権を根拠することで、比較的認められやすいといえます。

しかし、現状では幅員1.8mある場所を通れば公道に出ることがで

きるため、袋地通行権を認めるだけの必要性に乏しく、あなたには袋地通行権がないと判断されてしまう可能性が高いといえます。

相談 私道をふさぐ私道共有者に対する対処法とは

Case 我が家を含む8軒の家は分譲地内にあり、私道に面しています。この私道は8軒すべてが、それぞれ自分の家の前にある土地を提供して設置したもので、私道の所有権は8軒の家の共有としました。ところが、8軒の家の中で唯一公道に面した土地に住んでいるAさんが、自分の家の前にある幅員2.5mの私道のうち、幅員1.5mに及ぶ部分に垣根を作ってしまいました。これによって、Aさん以外の家に住んでいる者は、残りの幅員1mを何とか通行できる状態で非常に迷惑しています。どうすればよいでしょうか。

回答 私道が道路位置指定（186ページ）を受けている場合、私道の共有者（8軒の家に住む者）だけでなく、公道に準じて一般公衆もその私道を通行する利益があります。さらに、私道に隣接するすべての土地所有者の同意がなければ、たとえ位置指定道路の廃止の手続きを行おうとしても、特定行政庁が認めません。あなたが同意しているのでなければ、特定行政庁は位置指定道路の廃止の手続きを認めるはずがありませんから、特定行政庁がある地方自治体に対して、通行の妨害をやめさせるように求めるとよいでしょう。特定行政庁がすぐに動いてくれない場合には、Aさんを被告として、通行妨害の禁止や障害物の撤去を請求する訴訟を提起することも検討します。

しかし、相談の私道は幅員2.5mであることから、道路位置指定は受けていないと推測されます。道路位置指定を受けるためには、私道の幅員が4mまたは6m以上必要だからです。

ただし、道路位置指定がない場合であっても、8軒すべてが土地の

第5章 私道をめぐる法律問題 **203**

一部を提供して私道を設置しているのですから、Ａさんは、他の家に住んでいる人がＡさんの前にある私道を通行することを認めていたと評価できるでしょう。Ａさんが通路として認めていたからには、通行を妨害するような行為をするのは許されません。したがって、他の家に住んでいる人は、私道の所有権（共有も所有権のひとつです）に基づく妨害排除請求権（所有権に対する妨害を取り除くことを請求する権利のこと）を行使することで、Ａさんに対して垣根の撤去請求ができると考えられます。

第6章

境界をめぐる法律問題

境界はどうやって決めればよいのか

筆界に争いがあれば筆界特定制度か境界確定訴訟を検討する

● 境界には2つの意味がある

　土地の境界線は、目に見えるものではありません。そこで、境界を示す手段として、自然の道などの地形や、境目に石材を埋め込むなどの方法が利用されています。このように境界を表すための標識のことを境界標といいます。

　境界標がない場合は、登記所にある地積測量図や公図などを基に、隣地の所有者と協議して境界を確定するのが普通です。この合意による境界のことを所有権界（私法上の境界）といいますが、私法上の境界は絶対的なものではありません。地番と地番の境界は、国によって決められているからです。このような境界を筆界（公法上の境界）といいます。筆界と所有権界は一致することが多いのですが、一致しない場合もあります。なお、公図は絶対的な証拠になるとは限りません。公図は測量技術が未熟な時代に作成されており、境界が正確に表記されていないことがあるからです。

　そして、所有権界について合意した場合には境界合意書（211ページ）を作成し、筆界が定まった場合には筆界確認書（213ページ）を作成し、関係者全員が1部ずつ保管しておくとよいでしょう。

● 境界が不明である場合に取るべき手段

　筆界（公法上の境界）が不明である場合、合意によって筆界を確定させることはできません。筆界を確定するための手段は、筆界特定の申請をして登記官に筆界の特定をしてもらうか、裁判所に境界確定の訴訟を提起することの2つに限定されています。一方、所有権界が不

明である場合は、合意によって確定する他、通常の民事訴訟を提起することもできます。ここでは筆界の確定について述べます。

筆界特定制度では、土地の登記名義人などの申請に基づき、筆界特定登記官が、筆界調査委員（土地測量に関する外部の専門家）の意見をふまえた上で、土地の筆界を特定します。ここで特定された筆界に不満があれば、境界確定訴訟を提起して争うことが可能です。

境界確定訴訟では、裁判所の判決を通じて筆界を最終的に確定させます。境界確定訴訟は、通常の民事訴訟とは異なり、裁判所が訴訟当事者の主張に拘束されることなく、あらゆる資料を参照して客観的に筆界を定めますので、訴訟当事者が主張していない場所が筆界となることもあります。ここで確定した筆界は変更できません。

◉ 境界標を設置するには

自然の地形を境界標とする場合もありますが、通常は石材を埋設する方法が利用されます。都市部のように住宅が密集し、境界標を地中に打ち込むのが困難な場合は、ブロック塀やコンクリートなどに直接打ち込める金属鋲で表示することもあります。境界標は最終的に登記と結びつくので、その設置は専門家である土地家屋調査士に相談・依頼するとよいでしょう。境界の点や線は、境界表の頭部に記載されている記号により判断します。

境界標の設置費用は隣接所有者間で平等に負担するのが原則で、隣地の所有者と協議しないで勝手に境界標の設置はできません。トラブルが生じないように、境界標の設置には、関係者と第三者に立ち会ってもらうようにしましょう。

◉ 境界標は誰のもの

境界標は、その費用を支出した者が所有します。したがって、隣接所有者同士が共同して設置した境界標は、その隣人との共有物となり

第6章　境界をめぐる法律問題　**207**

ます。単独所有であることを証明できない場合は、隣接所有者と共同して境界標を所有している（共有）と推定されます。

　もっとも、境界は公的なもので各土地の区画線ですから、境界を不明にすることは許されません。したがって、境界標を損壊・移動・除去すると刑法で罰せられます（境界損壊罪）。たとえ自分が設置した境界標であっても同様です。本当の境界は別のところであると信じていても、境界標の損壊などについての処罰は免れません。

● 境界標をとりかえたいときは

　境界標が木杭で腐食し、境界点が不明となったような場合は、境界標を交換する必要があります。境界標が、隣地の所有者との共有である場合、その交換費用の半額を隣接地の所有者に請求することができます。この場合、隣地の所有者と協議の上、境界標を交換すべきですが、協議することなく単独で交換することも可能です。

　また、境界標が自らの所有物である場合も、単独で境界標を交換できます。この場合、その費用負担を隣地の所有者に求めることも可能です。しかし、境界標が隣地の所有者の所有物となっている場合は、境界標の交換を請求するのは困難です。

● 境界をめぐるトラブル

　ここでは、よくある境界のトラブルについて見ていきましょう。

ケース 時効取得した土地の境界

　他人の所有地を10年間または20年間継続占有した場合、その占有していた土地の所有権を取得することができます。これを時効取得といいます（175ページ）。継続占有していたのが一筆の土地の一部であっても、その一部について所有権を時効取得します。いずれにしても、土地の所有権を時効取得した場合は、その所有権について登記する必要があります。一筆の土地の一部の所有権を時効取得した場合、まず

分筆登記を申請します。そうしなければ、時効取得した部分の登記ができないからです。しかし、分筆登記の申請は従前の所有者の協力が必要です。協力が得られない場合は、裁判所に訴訟を提起して勝訴すれば、単独で分筆登記の申請ができます。そして、分筆後の境界に境界標を設置することになります。

ケース 隣りの建物が越境した

土地の所有権は、土地上の空間にも及んでいます。隣地の建築物のひさしなどが境界を越えて自らの土地上の空間に建築される場合、その建築工事の中止を求めることができます。自主的に建築工事を中止しなければ、裁判所に建築工事禁止の仮処分命令を申し立てます。

その後、所有権の侵害を理由として妨害排除請求訴訟（建築工事の差止めを求める訴訟）を提起します。ただし、越境部分が少なく所有権侵害の程度が小さいのに対し、取壊しを認めることによる隣地の所有者の損害が大きいと考えられる場合には、妨害排除請求が認められないこともあり得ます。越境部分の取壊しの請求が権利の濫用にあた

■ 時効取得とは

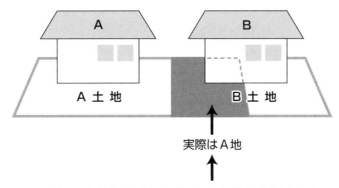

ると考えるのです。この場合、隣地の所有者から損害賠償を受けることで満足するしかありません。

ケース 越境建物を放置した

越境部分が小さいといって放置すると、その所有権を失うおそれがあることに注意を要します。越境している建築物の所有者が、越境部分の土地の所有権を時効取得することが考えられるからです。建築物の一部が越境することも他人の土地の占有にあたります。したがって、そのまま10年間（善意無過失）または20年間（悪意または有過失）という越境部分の継続占有が行われると、越境部分を時効取得されてしまいます。このような時効取得を防止するには、時効の完成猶予または時効の更新（民法改正前の時効の停止または中断に相当）をする必要があります。たとえば、所有権侵害を主張するために訴訟を提起することで時効の完成猶予（時効取得を先延ばしする）が生じ、その訴訟に勝訴することで時効の更新（継続占有期間をゼロに戻す）が生じます。その他には、建築物を改築する際に越境部分を取り除くなどの念書を取得しておけば、時効取得を防止することができます。

ケース 枝や根が越境してきた

民法では、自分の土地に越境してきた木の根は、その所有者の承諾を得ることなく、勝手に切り取ってもよいと規定されています。

これに対し、自分の土地に木の枝が越境している場合は、木の所有者の承諾なくして伐採できるとの規定がありません。したがって、木の枝が越境している場合は、木の所有者に対して越境部分の伐採を請求することが必要です。伐採を請求したにもかかわらず、自主的に伐採してもらえないときは、裁判所に伐採を求める訴訟を提起するしかありません。勝手に枝を伐採することはできないのです。また、枝の越境がごくわずかである場合にまで伐採を求めることは、権利の濫用にあたると考えられます。

書式　境界合意書

境界合意書

　○○○○（以下「甲」）と□□□□（以下「乙」）は、後記物件目録記載の甲所有のA土地と乙所有のB土地の境界について、以下のとおり合意に達した。

第1条（境界の確定）　甲及び乙は、A土地とB土地の境界を、別紙測量図中に記載したX地点とY地点を結んだ線であることを相互に確認し、これに合意する。

第2条（境界柱の設置）　甲及び乙は、相互に立会いの下、X地点及びY地点の双方に、境界柱を設置する。

2　前項の境界柱の設置にかかる費用は、甲及び乙が2分の1ずつ負担する。

第3条（囲障の設置）　甲又は乙が、将来、第1条によって確定した境界に囲障を設置することを希望するときは、これを設置する。

2　前項の囲障の材質については、甲及び乙は、協議してこれを決する。設置費用は、甲及び乙が2分の1ずつ負担する。

第4条（承継義務）　甲及び乙は、第三者に対して、各々A土地、B土地を譲渡する場合は、当該第三者に対して、第1条に規定する境界の存在を告知し、本合意書に基づく権利義務を承継させなければならない。

第5条（協議義務）　甲及び乙は、相互に、本合意に関して疑義が生じたときは、信義に従い誠実に協議して、これを解決しなければならない。

附則

　甲及び乙は、各々本合意書に署名捺印し、各自1通を保管するものとする。

物件目録

A土地　　所在　　　　　　　　　○○県○○市○○町○○番○
　　　　　地番　　　　　　　　　○番1
　　　　　地目　　　　　　　　　宅地
　　　　　登記簿上の地積　　　　○○．○○
　　　　　実測面積　　　　　　　○○．○○

B土地　　所在　　　　　　　　　○○県○○市○○町○○番○
　　　　　地番　　　　　　　　　○番2
　　　　　地目　　　　　　　　　宅地
　　　　　登記簿上の地積　　　　□□．□□
　　　　　実測面積　　　　　　　□□．□□

令和○○年○月○日

　　　　　　　　　　　（甲）　○○県○○市○○町○丁目○番○号
　　　　　　　　　　　　　　　○○　○○　　　　　　㊞

　　　　　　　　　　　（乙）　□□県□□市□□町□丁目□番□号
　　　　　　　　　　　　　　　□□　□□　　　　　　㊞

✎ 書式　筆界確認書

筆　界　確　認　書

　○○○○（以下「甲」）と○○○○（以下「乙」）は、以下に表示する土地の筆界につき、次のとおり確認するに達したものである。

1　筆界を確認した土地の表示
　　甲所有地　○○県○○市○○町○丁目○番○
　　乙所有地　○○県○○市○○町○丁目○番○

2　筆界の状況
　　別紙測量図に記載

　甲及び乙は、後日のために、各々本確認書に署名捺印し、各々1通ずつ保管する。
　甲及び乙は、筆界を確認した各々の土地を譲渡するときは、土地譲受人に対して、本確認書を承継させるものとする。

　令和○○年○月○日

　　　　　　　　　　（甲）　○○県○○市○○町○丁目○番○号
　　　　　　　　　　　　　　　○○　○○　　㊞

　　　　　　　　　　（乙）　○○県○○市○○町○丁目○番○号
　　　　　　　　　　　　　　　○○　○○　　㊞

相 談 境界で争いがある物件を仲介する者の義務とは

Case 私は○○不動産を介し、中古住宅を購入しました。ところが、住み始めて数日後、建物が隣の土地にはみ出していて、前の持ち主がAさんと争っていたことがわかりました。私は苦労の末、越境部分の買い取りという形で争いに決着をつけました。前の持ち主とAさんが境界のことで争っていたことは○○不動産も知っていたようなので、○○不動産に対して損害賠償を請求したいと思いますができるでしょうか。

回 答 ○○不動産のような仲介業者は、委託された側（受任者）として、委任の内容に従い善管注意義務（その地位に基づき取引上要求される注意義務）を負っています。善管注意義務を負う仲介業者の業務は、売主と買主の間に立って売買契約を成立させることです。仲介業者には専門知識と経験に基づいた適切な判断が求められます。相談者のような委託する側（委託者）は、売買の目的物や相手方の状況などについて仲介業者の情報を信頼するのが通常ですし、この信頼に仲介業者は応える義務があります。

相談のケースのように、境界について争いがある事実は、不動産を買うかどうかの判断に際し重要な情報です。○○不動産が契約の成否に影響する重要な事実を知りながら、あなたに伝えなかったことは善管注意義務に違反します。

裁判例でも「仲介業者に土地の境界を明示して買主の損害の発生を未然に防止すべき義務がある」としたものがあります。Aさんの土地との境界を仲介業者である○○不動産が明示してくれれば、越境部分の買い取りという損害は防げたわけですから、○○不動産の責任を追及することができるでしょう。

| 相 談 | 隣地との境界が土地購入時に聞いた話と違う

Case　私は退職金を元手に老後を過ごすための場所として、Ｆ所有の宅地50坪を１坪50万円、合計2500万円で購入しました。ところが、隣接する土地の所有者であるＧが、こちらの土地に10坪ほどはみ出して塀を作り始めたのです。Ｇに抗議しましたが取り合ってもらえず、Ｆ所有の頃から境界に対する認識が異なるようなので、Ｇに対して境界確定訴訟を起こしました。しかし、弁護士の話によると、Ｇの認識の方が正しく敗訴濃厚とのことです。もし、敗訴が確定した場合、私はＦにどのような請求を行うことができるでしょうか。

| 回 答 | 売買契約の売主には、目的物の種類・品質などが契約の内容に適合しない場合における契約不適合責任（民法改正前の担保責任に代わる売主の責任）が課されています。買主は、不足分の代金減額請求ができる他、契約の解除や損害賠償請求もできます。

　相談のケースは、坪単価を基準にした「数量指示売買」ということができますので、敗訴が確定して宅地が10坪分の不足となったら「50×10＝500万円」の代金減額をＦに請求できます。その他にも、Ｆとの売買契約を解除したり、Ｆに対して損害賠償を請求することもできます。民法改正前の担保責任と異なり、契約不適合責任に基づく契約の解除は、数量不足により契約目的を達成できるか否かにかかわらず可能ですが、あなたに帰責事由がないことが必要とされています。たとえば、数量不足を知りながら購入したような場合は、契約の解除ができないと考えられます。

| 相 談 | 境界合意書をもらうときハンコ代を要求された

Case　私の住宅が建っている土地は、祖父の代からの所有地ですが、

境界をめぐり隣地所有者であるDと長い間にわたり対立状態にありました。そんな折、他に良い土地つき一戸建て住宅が見つかったので、引っ越そうと考えるようになりました。不動産業者に交渉したところ、Eが私の土地つき住宅の買い取りを申し入れ、私はEと売買契約を締結しました。Eへの土地売却にあたっては、隣地所有者との「境界合意書」の取得が条件とされたので、Dと交渉をはじめましたが、Dはハンコ代として500万円もの大金を要求してきました。このような大金を支払うべきなのでしょうか。

回答 一筆の土地を売却したり、一筆の土地を分割して売却したりする場合には、隣地の所有者との間で境界に関する紛争がないことを証明するため、買主から、隣地の所有者と共同で「境界合意書」を作成し、提出することを要求されるケースがあります。境界合意書は、境界に接する所有者全員が合意して作成します。そのため、境界合意書の作成が特定の所有者だけの利益となる場合には、「ハンコ代」と称して金銭が支払われることがよく行われます。

　もっとも、ハンコ代については、法律上の根拠はなく、慣習にもなってはいませんが、境界合意書の作成を円滑に行うためのものと考えてよいでしょう。ハンコ代として支払うべき金額は、土地の規模・状況や隣地の所有者との関係によって異なります。ただ、境界をめぐって紛争がある場合には、ハンコ代は和解金としての要素も含むことになります。しかし、一方の窮状に乗じて、不当に多額の金銭を要求することは公序良俗に反しますから、相談のケースもDによる500万円の要求は無効になる可能性が高いでしょう。

2 境界標について知っておこう

境界標があるからといってそこが境界とは限らない

◉ 境界の目印として設置される境界標

境界標とは、境界の線や点の位置を示すために設置される標識のことです。境界標には、御影石杭（境界石）、コンクリート杭、鉄鋲、金属標、プラスチック杭などがあります。境界標は、隣り合った土地の所有者間で境界を確認した上で設置する場合の他、当事者間の合意なく片方の当事者が勝手に設置する場合もありますが、国や地方自治体などの公的機関が設置するわけではありません。

また、境界標の設置場所が間違っていることもありますし、場合によっては設置から長い期間が経って、元々あった場所から別の場所に移動していることもあります。したがって、境界標が存在しているからといって、その場所が本当の境界であるとは限らないのです。

境界標が所有権の境界（所有権界・私法上の境界）を示しているのであれば、一応は所有権の範囲が示されているといえます。ただ、隣り合った土地の所有者間の合意で所有権界を示している境界標の位置を変更できるので、お互いの合意の上で境界標を設置したとすると、合意した場所に所有権界が移っているとも考えられます。

地番の分かれる土地の間にも、地番の境の目印となる境界標が設置されることがあります。地番の境は公的に定まった境界（筆界・公法上の境界）なので、この場合の境界標は、隣地所有者間などの合意によって移動できる性質のものではありません（206ページ）。

◉ 境界標がなくなってしまったらどうするのか

たとえば、隣地の所有者が変わったり、土地の利用状況が変わった

第6章 境界をめぐる法律問題 **217**

りした場合、現状のまま境界標がないと、実際上の問題として境界があいまいになる結果として、争いが起こる可能性があります。境界標の設置を法律が義務付けているわけではありませんが、後から争いが起こる前に、新しい境界標を設置しておくとよいでしょう。

　境界標を設置する場合には、隣地の所有者に協力を求め、双方合意の下で設置するのが基本です。合意の下で設置しなければ、後からトラブルの元となってしまうおそれがあるからです。

　設置する境界標の材料は、角材などでは変質・消失の可能性が高まります。簡単に腐敗したり消失することのない、御影石、コンクリートなどを材料とした境界標にするとよいでしょう。

　設置方法については、境界標を地中に埋めて、上の部分を地上に出します。せっかく設置するのですから、簡単に動かないように、ある程度の長さの棒状のものを設置します。設置した境界標を見失うことのないよう、設置したらすぐに測量図などを作り、境界標の所在を明らかにしておきましょう。なお、仮の境界標として角材をさしておくことがありますが、正式な境界標の設置後にこれを放置しても、特に違法性はありません。

■ **境界標が消失した場合**

境界標の材料
- ✗ 腐敗しやすい材料（角材など）
- ○ 頑丈な材料（コンクリート、御影石、金属など）

・隣地の所有者と協力して境界標を設置するのが基本
・測量図もあわせて作成する

相談 境界標を移動されてしまったらどうすればよいのか

Case 父から相続し山林を所有しています。久しぶりに現地に行ったところ、相続したときにはあった境界標が見当たらず、境界標があったところよりも私の土地の側に、隣地の所有者が植栽してきているようです。境界標をはずしたのも隣地の所有者だと思いますが、どう対処したらよいでしょうか。

回答 境界（特に筆界・公法上の境界）は、土地を区分した「一筆」という単位を明確にする大事なものです。自然の地勢や人工的なコンクリート杭・御影石杭などの設置によってはっきりさせますが、故意に境界標を外したり移動したりして境界を不明確にすることは、刑法上の境界損壊罪で処罰されます。隣地所有者が故意に境界標をはずした証拠があるときは、境界損壊罪で告訴することが考えられます。

もっとも、相談の事例では、隣地所有者が故意に境界標をはずしたという証拠があるかどうか不明なので、まずは隣地所有者と話し合って境界を確認することが必要でしょう。境界標が存在しなくなっても、地図、地勢、過去の測量図などから境界が推測できるようであれば、境界標の復元位置などについて合意できる可能性があります。境界標を復元する際の設置費用は、隣地所有者がはずしたものであれば隣地所有者の全額負担で、そうでない場合は折半が原則です。

しかし、隣地所有者との間で、境界標の復元について話し合いがつかない場合は、隣地所有者を被告として境界確定訴訟または境界標設置請求訴訟を提起することになります。特に境界それ自体について争いが及んだ場合は、境界確定訴訟を提起すべきでしょう。

これらの訴訟によって境界標の復元が確定しても、植栽された草木の処分の問題が残ります。隣地所有者が植栽しているので、容易に植え替えられる場合は、隣地所有者の所有物なので、これを取り除くよ

第6章 境界をめぐる法律問題 **219**

うに請求できます。他方、すでに成長して土地に固定しているものについては、土地の構成部分として相談者の所有物になることもあります。

相談 境界石を発見したら隣人が時効を主張してきた

Case 隣のＡさんの土地と私の土地の境界上には古くから塀があります。ところが先日、塀から隣地に40㎝ほどの場所に古い境界石があるのを見つけました。そこで私は、Ａさんに「境界石がある位置が本当の境界ではないのか」と指摘したところ、Ａさんは「時効によって境界は今の塀の位置に移動している」と主張しました。境界の位置は時効で移動してしまったのでしょうか。

回答 Ａさんが主張する時効を取得時効といいます。塀から隣地に40cmほどの部分について、取得時効が成立するための要件を満たした場合には、Ａさんは、その部分の所有権を取得します（175ページ）。

　しかし、取得時効の制度と境界（ここでいう境界は「筆界」「公法上の境界」のことを指します）に関する制度は別個のものです。したがって、Ａさんが塀から隣地に40cmほどの部分についての土地所有権を時効取得したとしても、それによって土地の境界も付随して当然に移動するわけではありません。

　ただ、Ａさんが時効取得したということが、裁判所によって認められた場合には、事情が変わってきます。Ａさんが、時効取得した土地の部分を分筆（土地を分割すること）し、自らに所有権移転登記をする手続きに協力するよう、あなたに対して求めてくることが十分にありえるからです。その場合、あなたは、自分の土地を分筆してＡさんに所有権移転登記をする手続きに応じなければなりません。したがって、Ａさんに時効取得が認められると、結果的に現状の塀の位置を新たな境界として定めることになります。

相談　地震で境界がズレたらどうなるのか

Case　令和○○年○月○日に、震度6の地震が、私が住む地域を襲いました。幸いにケガなどはなかったものの、あまりに地震が激しかったせいか、私の土地と隣人の土地の境界がズレてしまいました。このような場合、どのように対処すればよいのでしょうか。新たに隣人と話し合いで決めることはできるのでしょうか。

回答　私法上の境界（所有権界）は、隣接する土地の所有者の合意により決めることができます。一方、公法上の境界（筆界）は、国が定めるべきものであり、客観的に定まっているので。私人間の合意によって移動することはないと言われています。そのため、公法上の境界を当事者同士で決めることはできません。

　ただ、この点について、法務省は通達（行政の内部文書のこと。上級機関が下級機関に対して、法律などの解釈を示すこと）では、以下のように示しています。つまり、地震で広範囲にわたって地表面が水平移動した場合には、土地の公法上の境界も移動したものとして取り扱い、土砂崩れなど一部の場合には、土地の公法上の境界は移動しないとしています。その上で、地表面が移動し、土地の区画の形状が変わってしまったときには、当事者間で公法上の境界の調整を図るとしています。この調整とは、あくまで当事者の合意を尊重するというもので、当事者の合意で、公法上の境界が決まるというわけではありません。もっとも、実際上は、当事者の話し合いで公法上の境界を決めることができるといえます。当事者で話し合いがつかない場合には、筆界特定制度（207ページ）などを利用することになります。

塀を設置する費用負担などをどのようにすればよいのか

費用負担について合意がなければ隣人との平等負担になる

● 費用の負担はどうなるか

　民法では、塀の設置費用は、隣人と平等に負担すると規定されています。しかし、これは、隣家との間で設置費用について特に合意が成立していない場合を前提としています。隣家との間で費用負担について別段の合意がなされているのであれば、その内容が平等負担でなくても、その合意に従って費用を負担します。

● 自分の土地に塀をつくるときは

　中心線が境界線上となる塀を設置する場合は、塀が隣地にまたがることになるので、勝手に設置することはできません。これに対し、すべてが自己の土地上に収まる塀を設置する場合は、隣家と協議する必要はありません。この場合は、自己の費用で、自分の好みの塀を設置することができます。もっとも、この場合でも、隣家の日照や通風、眺望を害するような塀の設置は許されません。隣家の日照や通風を侵害する場合は、不法行為が成立し、隣家から損害賠償を請求されるおそれがあります。また、塀の高さを低くすることなど、設置した塀の修正を請求されることも考えられます。

● 塀の修繕はどうするか

　塀の修繕費用についても、設置費用の場合と同じように考えることができます。つまり、塀の設置費用を隣家と平等で負担した場合は、その修繕費用も隣家との平等負担になるといえます。

　また、高価な塀を設置した場合は、設置に余分にかかった費用を負

担した者が、余分にかかる修繕費用を負担すべきといえます。もっとも、修繕費用について、設置費用の負担とは異なる内容の合意をすることは認められます。

隣家が塀の修繕に協力しない場合、まずは、自ら費用を負担した上で修繕をし、その後、隣家に負担分を請求していくことになります。

◉ 塀が倒れて事故が起きたら

塀は、土地の上に設置されるものですから、土地の工作物です。民法では、土地工作物を実際に占有している者や所有者に一定の責任を負わせています。つまり、土地工作物の設置または保存について欠陥があり、それによって他人に損害が生じた場合は、占有者か所有者が、被害者に対して損害を賠償しなければなりません。ですから、塀に欠陥があり、欠陥によって塀が倒れ、事故が起きたのであれば、占有者か所有者は、事故の被害者に対し損害を賠償する義務を負います。

隣家と共同して塀を設置した場合、塀は隣家との共有物となるので、隣家の所有者も事故の被害者に対して責任を負います。これは、連帯債務といって、どちらかが被害者に賠償すれば、他方の賠償責任も消滅します。もっとも、損害を賠償した者は、他方の者に対し、相当の

■ 塀について生じる問題

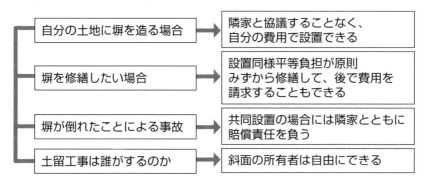

負担額を請求することができます。

● 土留工事は誰の費用でするか

　境界線が傾斜面に存在することがあります。その場合、塀を設置するには、土留工事をしなければなりません。そこで、その土留工事の費用を誰が負担するのかが問題となりますが、これは場合を分けて考える必要があります。斜面の所有者は、自由に土留工事をすることができます。自分の敷地内のことだからです。もっとも、その場合、工事費用の分担を隣地所有者に請求することはできません。

　これに対し、斜面の所有者でない隣地所有者は、基本的に土留工事はできません。しかし、土砂崩れなどにより自己の所有地に危険が及ぶと認められるときは、斜面の所有者に対して、土留工事をするように請求できます。工事費用は、斜面の所有者が負担します。斜面の所有者でない者が、どうしても土留工事をしたい場合は、斜面の所有者の承諾を得る必要があります。その場合の工事費用は、通常、工事の容認を求めた方が負担することになります。

■ 土留工事の費用負担

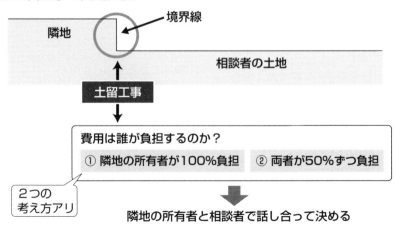

相 談 境界の土留工事の費用負担はどうなっているのか

Case 郊外の分譲地を購入し、一戸建てを建てることにしました。いよいよ建築が始まり、建築状況を視察するために現地に行ったところ、境界線をはさんで私の土地よりも高い位置にある隣の区画で同じように家を新築しています。しかし、このままでは台風があった場合など、隣の土砂が崩れて、私の土地まで被害が及びそうです。しっかりとした土留工事が必要だと思いますが、費用はいずれが負担すべきなのでしょうか。

回 答 なかなか難しい問題です。境界線をはさんで高低差のある隣地はよく見られるところですが、このような場合に、いずれが土留工事の費用を負担すべきかについて、明確に定めた法律はありません。費用負担の考え方としては2つあります。

1つの考え方は、高い土地の所有者が土留を自己の費用のみで設けるべきだというものです。ある物に潜在している危険性については、その物を所有する者が責任を負うべきだとする考え方（危険責任ともいいます）に由来しています。高い位置にある土地の部分は、その土地の所有者に帰属していますから、その者が土砂崩れを防止するための土留工事の費用を負担すべきだというわけです。

もう1つの考え方は、相隣関係に関する民法226条（囲障の設置や保存の費用を相隣者が等しい割合で負担するとの規定）などを類推適用（法令の規定がない場合に類似事項の規定を適用すること）して、双方が2分の1ずつ負担するというものです。土留工事によって双方が利益を受けるのだから、そのための費用も双方が負担すべきだと考えるのです。相談の事例の場合、分譲者が造成の段階で土留工事をしていなかったことも問題ですが、現段階で早急に隣地所有者と話し合いの場をもつべきでしょう。

第6章 境界をめぐる法律問題 **225**

相談　境界上にある塀の修理費用は誰が負担するのか

Case　隣のＡさんの土地との境界の塀が古くなってきたので、修理をしたいのですが、修理代の負担をどのようにしたらよいか教えてください。

回答　隣地との間に塀を設置する場合、どちらか一方が勝手に設置する場合と、協力しあって設置する場合があります。塀の設置場所も、境界上に置く場合もあれば、どちらか一方の土地内に置く場合もあります。

質問によると、境界上に塀があるということですので、協力しあって境界上に塀を設置したと考えて説明します。協力して塀を設置した段階で、設置する費用や維持費・修理費をどちらが払うかについて取り決めがあるときには、その取り決めに従います。その取り決めについては、明確な合意がなければ、あなたとＡさんの間で、お互いに折半で負担するという合意が暗黙のうちに成立していたかどうかを検討します。暗黙の合意があると考えられる場合、あなたとＡさんの費用の負担割合は、特段の事情がない限り、折半となります。

暗黙の合意がなかったとしても、境界線上の塀は、あなたとＡさんで共有しているといえます。共有している者は、単独で保存行為（財産の価値を維持させる行為）を行うことができます。塀の修理は財産の価値を維持する保存行為にあたりますから、あなたが修理をしたのであれば、費用の半分はＡさんに請求できることになります。

相談　境界をはさむ土地を時効取得できるか

Case　私の町内に住むＡさんは、私に「隣の土地の所有権を時効で取得した」と話してくれました。土地の所有権を時効で取得するなどということはあるのでしょうか。

回答 Aさんが他人の土地を自分の土地と思い込み、そのまま占有を継続していた状況であれば、時効によって土地の所有権を取得することもあります。自分が所有者であるように振る舞って、他人の土地の占有（支配）を継続していると、その土地の所有権を時効取得することがあるのです。このように長く続いている事実状態があった場合に権利を取得することを取得時効といいます。これは長く続いている事実状態をそのまま保護する制度です。占有をはじめる時点で、他人の土地であることを知らず、かつ知らないことに過失がなければ（善意無過失）、10年間の継続占有によって時効取得します（その後に事情を知っても時効期間に影響はありません）。反対に、他人の土地であることを知っているか、または過失によって知らなかったのであれば（悪意または有過失）、20年間の継続占有によって時効取得します。

10年間または20年間にわたり継続占有していた土地の所有権を取得するということは、本来の所有者がその土地の所有権を失うことになります。たとえば、隣地を占有していた場合に時効取得が成立したとなると、Aさんの土地所有権は、隣地の占有していた部分にまで広がるわけです。Aさんの所有権が広がったということは、一方で隣接地の所有者が持っている所有権は、Aさんの時効取得した分だけ失われたことになります。

以上のような所有権の境界の移動は、あくまで所有権の境としての所有権界（私法上の境界）についてのことですから、地番の境である筆界（公法上の境界）とは直接には関係ありません。

相談 境界の杭が勝手に抜かれて違う場所に柵を作られた

Case 私の家は農家で広大な農地を所有しています。先日、茶畑にいったところ、隣の農地との境界を示す木の杭がすべて引き抜かれ、

第6章 境界をめぐる法律問題　**227**

代わりに私の農地側に２mほど入り込んで木の柵が立てられていました。隣の農地について現在の所有者はHですが、私の亡き父親とHの亡き父親との話し合いによる合意に従って木の杭を打ち込んでいたのです。私は早速、Hに対して抗議を申し入れましたが、一向に相手にしてくれません。民事訴訟を提起しようと考えていますが、Hに刑事責任はないのでしょうか。

回答 相談のケースでは、Hに対して２つの刑事責任が発生する可能性があると考えられます。

まず、境界標である木の杭を引き抜いて、土地の以前の境界を認識できないようにしている点です。刑法262条の２では、「境界標を損壊し、移動し、若しくは除去し、又はその他の方法により、土地の境界を認識することができないようにした者は、５年以下の懲役又は50万円以下の罰金に処する」と規定しています。これを境界毀損罪といいます。木の杭をすべて引き抜くことで、土地の境界が不明確になっていますし、父親の代から長期間にわたって境界と認識されてきた以上、Hが故意に（わざと）木の杭を引き抜いていれば、境界損壊罪に該当するといえます。

次に、他人の土地の一部を奪っている点です。Hが故意にあなたの土地の一部を奪っていれば、刑法235条の２が規定する不動産侵奪罪にも該当するといえます。もっとも、不動産侵奪罪は「他人の不動産」の侵奪を要件とするので、客観的に見て問題とされる部分がHの土地であれば成立しません。その点を検討してみてください。

4 境界を確定する方法にはどんなものがあるか

境界確定訴訟と所有権確認訴訟の2つがある

● 地番の境界の確定を行う

境界の確定方法は、公的な地番の境界の確定を行うのか、私的な所有権の境界の確定を行うのかで異なります。前者の境界のことを公法上の境界（筆界）といい、後者の境界のことを私法上の境界（所有権界）といいます。まず、公的な地番の境界（公法上の境界）の確定を行う場合について考えてみましょう。

区画された土地は一つひとつ番号をつけて登記されますが、個人間の話し合いで、公図に載る土地の境を決定できるとすると、実際の土地の区画を個人の一存で変更してしまうことになります。そこで、公的な地番の境界は、個人の一存で決定できず、筆界特定制度または境界確定訴訟によって確定することになっています（207ページ）。

筆界特定制度による手続きでは、土地の所有権名義人などの申請により、登記官（筆界特定登記官）が境界を特定します。これに対し、境界確定訴訟では、境界がどこであるかを裁判所が判断し、法的な効力をもって境界を確定します。筆界特定手続は公的な地番の境界を最終的に確定するものではなく、境界確定訴訟の判断が最終的なものです。

● 所有権の境界の確定を行う

私的な権利である所有権の境界は、隣家の人との合意により自由に決めることができます。合意できなかったときは、裁判所で行われる調停や、所有権確認訴訟を提起することになります。

所有権確認訴訟では、自分の主張する境界について証拠を提出できなければ敗訴することになり、確認を求めた「所有権の範囲」は自分

第6章　境界をめぐる法律問題　**229**

のものではなくなってしまいます。したがって、訴訟を起こす際には証拠をしっかりと準備する必要があります。

● 隣が国有地の場合、境界をどう確定するか

　境界確定で所有権の境となる境界は、当事者の合意による場合と所有権確認訴訟の判決による場合に確定します。また、地番の境の境界は境界確定訴訟によって最終的に確定します。国有地も基本的には以上の方法によって確定します。

　しかし、国有地には私有地とは異なる確定方法があります。国有地固有の確定方法は、国有財産法で定められています。国有財産法で定められている方法には、次の2つの方法があります。

　1つは、国有地に隣接する土地の持ち主が、協議に応じない場合で、応じないことについて正当な理由がない場合にとられる方法です。国有地に隣接する土地の持ち主が協議に応じない場合、問題となっている土地を管理している行政庁（各省各庁）の長は、一定の手続に沿って境界を決定し、決定した内容を国有地に隣接する土地の持ち主に通知します。通知を受けた隣接する土地の持ち主は、「通知内容に同意しない」という回答を当該行政庁の長に通告しなければ、同意があったものとみなされることになります。

　もう1つは、協議に応じない隣接する土地の持ち主に対し、国有地の管理者が、場所と期日を定めた上で立会いを求める通知を出し、協議を求める方法があります。協議が成立すると、協議で明らかになった境界を書面に残すことで境界が確定されます。

　以上のように、隣接地が国有地であっても、所有権確認訴訟や境界確定訴訟を起こすことができますが、さらに、国有財産法に基づく境界確定の協議により境界を確定することもできます。

相談 同じ地主から土地を借りている者同士の境界確定はどうなる

Case 私と隣のＡさんは、同じ地主のＢさんの土地を借り、その土地に住宅を建てて居住しています。私とＡさんは、Ｂさんとの間で借地契約書を交わしていないだけではなく、借地の境界の目印もありません。Ａさんとの借地の境界を明確にしたいのですが。

回答 借地人であるあなたやＡさんは、土地の境界がどこにあるかについて、筆界特定制度を利用したり、境界確定訴訟を提起することはできません。これらは借地の境界は、あなたやＡさんがＢさんとの間で結んだ借地契約によって決定しています。借地契約で示されていなくても、住宅などの建物を所有するのに必要な範囲について借地契約があったと推定されます。

　借地の境界が不明なのは、境界がないからではなく、ＡさんとＢさんとの関係で境界をはっきりと意識していなかったためか、あるいは境界の目印となるものを作らなかったためです。しかし、境界がはっきりしていないということは、あなたとＡさん、あるいはＢさんとの間で、土地の使用権について争いとなる可能性があります。争いを未然に防ぐためには、明確に境界を決めておく必要があります。

　質問の場合、境界が不明な状況となった原因は契約内容が不明確であったことにありますから、契約内容を明確にする必要があります。具体的には、Ａさん、Ｂさん双方と話し合って、全員の合意が得られたところで境界線を引くことになります。Ａさんとだけで決めたり、Ｂさんとだけで決めても、決定に参加しなかった人には効力を主張できません。あくまで三者間における話し合いによる合意が必要です。

第6章　境界をめぐる法律問題　**231**

相談 共有地の境界の確定は誰を相手にすべきか

Case 祖父が所有していた山林を相続しましたが、東隣の土地との境界がはっきりしません。東隣は近所に住むAさんと、その親戚の隣県に住むBさんの共有になっていますが、Aさんと境界について話し合えばよいでしょうか。

回答 土地は物理的に見るとつながっています。そこで、法律は登記制度を創設して、「一筆」を土地の所有権の単位にしました。そして、一筆の土地と土地とが接しているところを境界（公法上の境界）と呼び、自然にある尾根、がけ、沢などを使ったり、境界標を置いたりして明確にします。

相続があると、隣接する土地の被相続人同士で確認していた境界がわからなくなり、被相続人から土地を受け継いだ相続人同士で紛争になることもありますから、相続をきっかけに、どこが境界であるかを確認するのはよいことだと思います。その場合、近所のAさんだけでなく、東隣の土地の共有者全員と協議しなければなりません。Aさんとだけ協議して境界を確認しても、Bさんには確認した境界を主張できなくなります。ただし、境界に関する話し合い、現地での境界標の確認・設置などの場面において共有者全員が出席する必要はなく、最終的に共有者全員と確認できれば十分です。

もし共有者全員と話し合いがつかない場合には、境界確定訴訟を提起することになります。境界確定訴訟では、関係する所有者全員が訴訟当事者にならなければなりません。ですから、Aさんだけを訴えても訴えが不適法であるとして退けられてしまいます。なお、訴訟は被告の住所地を管轄する地方裁判所に提起するのが原則です。相談の事例では、AさんとBさんの住所が異なるようですが、どちらの住所地を管轄する地方裁判所に対しても訴訟の提起が可能です。

第7章

日照その他の
近隣関係をめぐる
法律問題

日照や眺望について知っておこう

日当たりや眺めの良さも権利になっている

● 日照権とは

　日照権とは、日当たりを十分に確保して健康的な生活を送る権利のことをいいます。たとえば、低い家屋が集まっている地域の中で急に高いビルが建築されると、そのビルの陰になる家屋がでてきます。

　建物の影になっても、それが原因で直ちに経済的な不利益を受けるわけではありません。しかし、日光があたらないことで、家の中がじめじめする、洗濯物が乾かないといった悪影響が出てしまいます。そのため、日光を遮ってしまう場合には日照権が問題となります。

　日照権が侵害された場合には、日光を遮っている者に対して損害賠償請求や差止め請求を行います。しかし、日光が遮られているだけで直ちに損害賠償請求や差止請求が裁判所に認められるわけではありません。日光が遮られている時間はどのくらいか、建物を建築した者が周囲の日照状況に配慮したか、といった点を考慮して損害賠償請求や差止め請求の可否を決めます。

● 眺望権とは

　眺望権とは、自分の建物から見える景観の利益のことです。不動産の価値は、そこからの眺めの良さも含めて決まるため、建物から見える景観も保護されるべき利益として認められています。

　しかし、建物からの眺望は、人間が生活する上で必要不可欠なものとまではいえません。たとえば、騒音、大気汚染、日照阻害という問題が生じているのであれば、人間の健康に直接影響を与える可能性があるので、訴訟になった際、裁判所は損害賠償請求や差止請求などを

認めやすいといえます。しかし、眺望が悪かったとしても、それが原因で人間の健康が悪化したり、直ちに経済的な不利益をもたらすことはありません。また、建物からの眺望という利益と比べると、建物を建てて経済活動を行う利益のほうが重要で、景観を犠牲にしてでも建物を建築する必要性が大きいといえます。そのため、眺望権を根拠とした請求は比較的認められにくいといえます。

　眺望権の侵害を根拠とした損害賠償請求が認められるケースとしては、景勝地にある旅館やホテルからの景観が悪化したケースが挙げられます。景勝地にある旅館やホテルの場合、景観が悪化することで客足が減るので、景観の悪化により直接的に経済的な不利益を受けることになるからです。また、住宅を購入したケースでも、業者が特に景観を謳い文句にして不動産を販売していたのであれば、景観を重視して住宅の売買が行われたことになりますので、景観が悪化した際に業者に対して損害賠償請求ができる場合があります。

◉ プライバシーを守るための目隠し設置権とは

　自分の家を隣人に覗き見られる状況にあるときは、隣人に対して目隠しを設置するよう請求することができます。民法では、境界線から

■ 眺望が保護される場合 ………………………………………………

原則		例外	
権利としては保護されない	→	以下の要件を満たすと保護される場合がある	
※ 眺望を直接保護する対象として扱う法律はない		要件	① 眺める価値のある景観があること ② 良い景色が眺められることがその場所の価値を決定づけていること ③ 良い眺めを保持することが周辺の土地利用と調和を保つこと ④ 良い眺めを楽しむ者がその場所の所有権や賃借権を持っていること

第7章　日照その他の近隣関係をめぐる法律問題　**235**

1m未満の位置に隣人の家を見通すことのできる窓やベランダを設ける場合には、目隠しをつけなければならないと規定されています。したがって、隣人の土地との境界線付近に窓を設ける場合には、隣人の家の中が見えなくなるよう目隠しを設置する義務があるといえます。

ただし、目隠しを設置する必要があるかどうかは、窓の構造によって変わってきます。たとえば、すべり出し窓のように、窓を開けたとしても隣人の土地を見渡すことができないような窓であれば、目隠しを設置する必要はないと考えられます。

● 損害賠償や工事の差止が認められることもある

日照権や眺望権が侵害された場合には、権利を侵害している者に対して損害賠償請求ができますし、建物の工事の途中であれば、工事を中止するよう建設の差止請求することも可能です。ただし、実際に損害賠償請求や差止請求を裁判所に認めてもらうためには、高いハードルを乗り越える必要があります。

日照権については、日光が遮られている時間の長さ、日光が届かないことで周囲が受ける影響、日光を遮っている建物の所有者が周囲の建物にどのような配慮をしているかなどを考慮して、裁判所は損害賠償請求や差止請求を認めるかどうかを判断します。同じように、眺望権については、当事者にとって眺望がどれほど重要なものであるか、眺望がどの程度悪化しているかなどを考慮します。

一般的に、差止請求の方が損害賠償請求よりも認められにくいといえます。損害賠償請求は金銭的な請求ですが、差止請求は強制的に相手の行為を禁止することを内容としている請求です。相手方が受ける不利益の程度は損害賠償請求よりも差止請求の方が大きいため、裁判所も差止請求を認めることには慎重になるということです。

236

2 日照権を守るさまざまな法律について知っておこう

条例でも日照権は守られている

● 建築基準法などの規制がある

日照権に関する規制としては、行政上の規制を定める法律と私法上の規制を定める法律があります。

行政上の規制を定める法律としては、建築基準法、都市計画法、景観法、各地方自治体の条例といったものがあります。これらの法律や条例は、土地を用途に応じて市街化区域や市街化調整区域などに区分したり、その区分された地域（区域）に応じて建物の建ぺい率や容積率を定めています。また、建物の高さについても制限が設けられていますので、これにより周囲の日照が確保されます。

私法上の規制を定める法律としては民法があります。民法には、直接に日照権を守るための規定は存在しません。しかし、日照権が侵害された場合には、不法行為に基づく損害賠償請求や建物などの建設の差止請求が可能です。

● トラブルを解決するためのルールがある

日照権をめぐるトラブルが生じた場合は、行政上の規制を定めた法律と私法上の規制を定めた法律の両方を用いて紛争解決をめざします。

国や地方自治体との関係で日照権を守る場合は行政上の規制を定めた法律を、日照権にもとづいて直接に何かを請求する場合には私法上の規制を定めた法律を用います。ただ、日照権の有無については、行政上の規制を定めた法律でも私法上の規制を定めた法律でも、共通の事項を考慮して判断します。たとえば、行政上の規制としての建築規制などの事項が日照権の有無を判断するための要素となります。

第7章　日照その他の近隣関係をめぐる法律問題　**237**

● 条例や指導要綱を確認することも必要

　建築基準法などの建築基準関係規定を具体的にどのように適用するかについて、各地方自治体が定める条例や指導要綱によって決められていることも多い点に注意が必要です。

　たとえば、日照権との関係が深い日影規制（60ページ）については、住居系地域、商業系地域、工業系地域といった用途地域などにおける日照時間をどの程度まで確保するよう求めるのか、具体的には各地方公共団体の条例によって決められます。このような事項は、地域の実情を細かく考慮して決定する必要があるからです。

　日影規制の他にも、地域によってどのような建築に対する規制が設定されているのかが異なる場合があります。したがって、実際に建物を建てようとする場合には、建築基準法だけでなく、その場所の地方自治体の条例や指導要綱もあわせて確認する必要があります。詳しい内容は、各地方自治体の建築課などに問い合わせます。

　地域によっては、日影規制について、平均的な規制よりも厳しい内容の規制を設けている地方自治体もあります。そのため、建物を建築する際は、条例や指導要綱のチェックも欠かさず、条例や指導要綱にも適合する高さの建物を建築する必要があります。

■ 日照権を守る法律や規制

相談 用途地域と日照権

Case 高層建てのマンションの建設を予定しているのですが、周囲の日照権を侵害するために建設が認められないケースはあるのでしょうか。商業系・工業系の用途地域であれば、日照権に配慮することなく自由に高層建てマンションの建設が可能でしょうか。

回答 日照権の保護に関連して、建築基準法では、主に建築物の高さに関する制限（高さ制限）を設けています（102ページ）。高さ制限などについては、都市計画図のうち都市計画区域に関する情報を見ておくとよいでしょう。都市計画区域とは、その地域をまとまりのある都市として開発・整備していこうとしている区域で、市街化区域、市街化調整区域、非線引区域に分けられます（132ページ）。市街化区域とは、すでに市街地を形成している区域に加え、10年程度を目安にして積極的に市街化を図ろうとしている区域も含みます。市街化調整区域とは、当面の市街地化を抑制する区域です。非線引区域とは、市街化区域、市街化調整区域のどちらにも該当しない区域です。そして、市街化区域に設定される用途地域に注目します（134ページ）。

　日照権は、住居系の用途地域であれば、その地域には住宅が多く、日照量の減少による影響が大きくなります。そのため、住居系の用途地域内の居住者の日照権は保護されやすくなります。逆に、商業系や工業系の用途地域では、経済的利便性が重視され、日照量の減少よりも建築物を建てる必要性が優先するので、日照権は保護されにくくなります。ただし、商業系や工業系の用途地域に指定されていても、高さのないアパートや住宅の密集場所であれば、日照権は保護されやすくなります。逆に、住居系の用途地域に指定されていても、付近の駅や商店街があって、実際上は商業・工業目的で利用されている場所であれば、日照権は保護されにくくなります。

第7章　日照その他の近隣関係をめぐる法律問題　**239**

3 日照権が不当に侵害されている場合はどうするのか

特定行政庁から是正命令が出されることもある

● 規制内容を守るための建築確認

　建築基準法では、建築物に対するさまざまな規制を定めていますが、その規制が守られなければ規制を設けた意味がありません。そこで、建築基準法の規制を守らせるための制度があります。

　建築物に関する一定の工事をする者は、工事に取りかかる前に建築確認を受ける必要があります（78ページ）。建築確認とは、建築計画が建築基準関係規定に違反していないかを、建築主事または指定確認検査機関に確認してもらうことです。建築計画が建築基準関係規定に違反していないことが確認されたら、確認済証の交付を受けます。

　また、建築物の設計は建築士によって行われる必要があり、建築物に関する工事に際しては、建築士の中から工事監理者を定めて、設計通りに行われているかを監理させる必要があります。

　建築物に関する一定の工事が完了した場合には、建築主事または指定確認検査機関に申請を行い、建築物が建築基準関係規定に適合しているかどうかの検査（工事完了検査）を受ける必要があります（86ページ）。建物が建築基準関係規定に適合していると確認できた場合は、建築主に対し検査済証を交付します。原則として、検査済証の交付を受けなければ、新築した建築物を使用することはできません。

　このように、建築基準関係規定に違反した違反建築物が建てられないよう、さまざまな制度が存在しています。

● 規制に対する違反を是正させる措置がある

　前述したように、建築物に関する一定の工事をする場合、建築基準

関係規定に違反していないかについて、建築物の建築前と建築後に検査を受ける必要があります。しかし、それでも建築基準関係規定に違反する建築物（違反建築物）が建築されている場合に備えて、違法な建築築を是正する制度が存在します。

違反建築物が建築されている場合には、その取壊しまたは修繕などをするよう、特定行政庁から建築物の所有者・管理者に対して是正命令が出されます。なお、是正命令を出す前に、原則として違反建築物の所有者・管理者に対し反論の機会を与える必要があります。

建築物の所有者・管理者が是正命令に従わない場合には、特定行政庁が自らが是正措置を実行します。たとえば、建物を取り壊すよう是正命令が出ているのに所有者が従わない場合、特定行政庁が自ら違反建築物の取壊しを行います。ただし、是正命令に従わない場合に必ずこのような措置が取られるわけではなく、軽微な違反の場合には行政自らが建物の是正措置に乗り出すことはありません。

■ 違法建築に対抗するための手段 ………………………………………

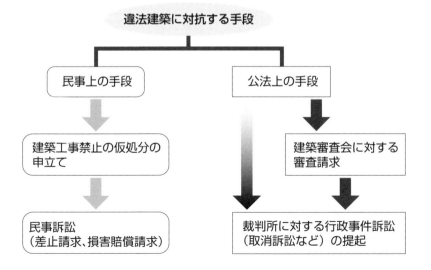

● 建築審査会に対して審査請求ができる

　建築物に関する特定行政庁、建築主事、指定確認検査機関などの判断が誤っていると考える場合には、建築審査会に対して審査請求と呼ばれる不服申立てをすることができます。建築審査会は、建築主事を置いている地方自治体に設置されています。

　審査請求を受けた建築審査会は、審査請求をした者や地方自治体の担当者らを出頭させて陳述させたり、証拠を提出させたりするなどの審理手続きを経て、最終判断としての裁決を行います。建築審査会が審査請求に理由がある（行政側の判断が誤っている）と結論付けた場合には、処分の取消しをするか、処分の内容の変更を命じます。

　たとえば、ビルが建築基準法に違反することを理由に、都道府県知事がビルの所有者に是正命令を出したが、所有者はビルが建築基準法に違反していないと考えた場合、建築審査会に審査請求をすることができます。所有者から審査請求を受けた建築審査会は、ビルが建築基準法に違反していないと判断すると、是正命令を取り消すか、是正命令の内容を変更するよう都道府県知事に命じます。

　これに対し、建築審査会が行政側の判断が正しく審査請求に理由がないと結論付けて、審査請求を棄却する（審査請求を認めない判断のこと）場合もあります。その際は、審査請求をした者が、裁判所に対して行政事件訴訟を提起することになります（89ページ）。なお、建築審査会への審査請求をあらかじめ行わなくても、直ちに行政事件訴訟を提起することが可能です。

4 建築協定について知っておこう

協定違反については地方自治体や裁判所に救済を求めるのが基本

● 建築協定とはどのようなものか

建築協定には、①建築工事にあたって、隣地所有者などとの間で結ばれる、工事の時間帯や工事用のトラックの経路などに関する取り決めと、②建築基準法に基づいた取り決めの2種類があります。

①の場合、どのような契約を締結するかは当事者間の自由（契約自由の原則）ですから、法令違反などの例外を除いて、どのような制限を設けるのかも自由です。また、当事者間にしか取り決めの効力が及ばない（当事者だけが取り決めに拘束される）ことから、取り決めの当事者が他人に転売したような場合には、その他人に対して取り決めの効力が及ばないことになります。

他方、②の場合は、市区町村の条例で定められた区域内の土地の所有者や借地権者が、全員の合意の下で建築物の位置や用途などの基準を定め、特定行政庁から認可を得たものです。このような建築協定があるかは、地方自治体の建築課などで確認できます。協定の内容として、境界と建物との間の距離に関する事項や、高さや景観に関する事項などがあります。①と場合と異なり、②の場合は公告を経て認可を受けたていますから、当事者が他人に転売しても、その他人に協定の効力が及びます。

● 協定違反を理由とする工事の中止請求の可否

前述した①の場合は、協定が当事者間でしか効力がないため、協定違反を理由に第三者が工事の中止請求をするのは困難です。ただし、日照、景観、通風などが妨げられているのであれば、これらの侵害を

第7章　日照その他の近隣関係をめぐる法律問題　**243**

根拠とする工事の中止請求が認められる場合があります。その際、協定の存在は、裁判所の審理において考慮されることがあります。

　他方、前述した②の場合には、隣地所有者なども協定を主張することができると考えられます。ただし、建築基準法に基づいた建築協定も、特定行政庁による違反是正の対象とならないという考え方が一般的なので、次の手順を踏むとよいでしょう。まず、建築協定運営委員会の委員長に申し出ます。そして、委員庁が工事の中止を請求するとともに、書面で相当期間を設けて是正を求めます。これでも是正がない場合は、裁判所に対し、建築禁止の仮処分の申立てや、工事中止を請求する訴訟を提起することになると考えられます。

■ 建築協定の例 ·······································

（騒音、振動等の防止、管理）

第○条　本件工事の騒音、振動等については、工事施工者は騒音規制法・振動規制法等で定められた規制基準に従うとともに、近隣の住民に対する生活の被害を最小限抑えるべく、十分注意して工事を行うものとする。

2　作業場はシートで完全に囲うものとする。

3　工事施工者は、作業場の確認しやすい場所に騒音計及び震度計を設置するものとし、近隣住民から請求があった場合には、直ちに測定結果を報告しなければならない。

4　工事を行わない時間帯は、工事関係者以外の者が立ち入ることができないように、工事現場を閉鎖するものとする。

5　工事施工者は工事を行う際には、工事により日光を遮り周辺の家屋に影が生じることを避けるよう配慮する。長時間日光を遮る形で工事を行う場合には、あらかじめ近隣住民に通知するものとする。

6　周辺の家屋の景観や通風を悪化させるような形で工事を行う場合には、あらかじめ近隣住民に通知するものとする。

相 談　建設された建物の影響が後でわかった場合

Case　隣地にマンションが新築されましたが、後になって、自宅が傾くなどの影響が生じはじめました。この場合、倒壊防止工事の請求などを隣地のマンションの所有者に求めたい場合、どのような方法があるのでしょうか。また、自宅が倒壊してしまった場合には、どのような請求が可能になりますか。

回 答　法律的には、相談者とマンション敷地の所有者などとの間の利害調整となるため、法的手段としては、最終的には訴訟に頼らざるを得ません。具体的には、マンションの新築が原因であることを立証（証明）できるように準備を進め、倒壊防止工事などを請求することになります。

ただし、通常の訴訟手続きによる場合は、残念ながら相当な時間を要します。倒壊の危険が差し迫っているのであれば、自費で工事を依頼した上で、その代金を損害賠償という形で後から請求をすることも検討した方がよいでしょう。

また、裁判所に対して建物倒壊防止工事を求めて仮処分命令の申請をすることも考えられます。仮処分命令の申請は、通常の訴訟手続きと比べれば短期間で結論が出されるからです。特に自宅が倒壊してしまうということは、相談者の日常生活が脅かされるのを意味しますから、保証金の供託（51ページ）などを条件に、仮処分命令を出してもらえる可能性があります。

なお、これらの法的手段が間に合わず、心配したように自宅が倒壊してしまうと、元通りに建築するように求めることはできませんが、立替費用を含めた倒壊によって受けた損害の賠償請求が可能です。

第7章　日照その他の近隣関係をめぐる法律問題　**245**

5 流水・排水のトラブルにはどう対処するか

自然に流れる水は受け入れる必要がある

● 自然に流れる水を妨げてはならない

　土地の所有者は、隣の土地から自然に流れ込んでくる水を妨げてはいけません。人工的な設備を作らなければ、水は高いところから低いところへ流れ込みます。低い土地の所有者は、高い土地から自然に流れ込んでくる水を受け入れる義務があります。低い土地の所有者が、何らかの人工的な施設を設け、高い土地から自然に流れてくる水を妨げた結果、高い土地の所有者が被害を受けた場合、高い土地の所有者は、低い土地の所有者に対して、損害賠償の請求や流水を妨げている施設の撤去の請求ができます。

　このように、隣の土地から自然に流れ込んでくる水を妨げることはできませんが、盛土など人工的な施設によって流れ込んでくる水を防ぐことはできます。盛土など人工的な設備によって土地に水が流れ込んでくる場合には、その土地の所有者に対して、損害賠償請求や水が流れ込む原因となっている施設の撤去の請求ができます。

● 高地の所有者は工事をすることもできる

　災害などによって高い土地（高地）から低い土地（低地）に水が流れなくなってしまった場合には、高地の所有者は、低い土地の中で水が再び流れるようにする工事を行うことができます。

　水が流れなくなっている原因が低い土地にある場合には、低地の所有者は、高地の所有者が低い土地で行う工事を受け入れる義務があります。この工事の費用は、原則として高地の所有者が負担する必要がありますが、その地方に独自の慣習がある場合には、その慣習に従います。

● 配管を設置する権利はあるのか

　他人の所有する土地を経由しなければ自分の土地に上下水道やガスを引くことができない場合には、他人の土地に配管を設置する必要があります。

　下水道については、下水道法により他人の土地に下水道のための配管を設置できると定められています（下水道法11条）。そのため、下水道の配管を設置する際には、他人の土地を利用することができます。

　上水道については、直接には上水道の配管のために他人の土地の利用を認めた法律はありません。しかし、下水道法11条を類推適用したり、民法を用いたりすることで、他人の土地に給水のための設備を設けることが認められています。

　ガス管についても、直接に他人の土地を利用して配管を認める法律がないのは上水道と同じです。ただし、どうしても他人の土地を利用してガス管を設置する必要がある場合には、民法の規定を用いることで他人の土地にガス管を通すことが認められています。

● 排水についての法律の規定はどうなっているのか

　土地の所有者は、隣地から自然に流れ込んでくる水を妨げてはいけません。また、隣地に人工的な設備が設置されることで水が流れ込んできている場合には、隣地の所有者に対し、損害賠償請求や設備の撤去の請求ができます。

　ただし、自然に流れる水でない場合であっても、家庭から出る下水については、人工的な設備を用いて隣の土地を通過させることができます。土地が高い所にあり、川や下水道まで距離があり、自分の土地から川や下水道まで直接に水を流すことが困難であれば、他人の土地を用いて水を流すことができます。下水を流すために隣地を使用する場合には、隣地の所有者にとって最も負担の少ない場所や方法を用いることが必要です。

また、水を通過させるために、隣地に設けられた施設を利用することも認められています。たとえば、低い土地の所有者が排水設備を自分の土地に設置している場合には、高い土地の所有者は水を通過させるためにその排水設備を利用することができます。ただし、他人の土地にある排水設備を利用する者は、設備にかかる費用を一部負担する必要があります。

● 屋根の雨水の処理について

　自分の家に降り注いだ雨水が、屋根を経由して直接に隣の土地に流れ込んでしまうような場合、そのような構造の屋根を設置することは禁止されています。また、屋根に限らず、雨水が直接に隣地に流れ込んでしまう構造の施設（工作物）を設けることも禁止されています。もし、隣地に直接雨水が流れ込んでしまう構造の屋根や施設を造ったことで、隣地の所有者が損害を被った場合には、その損害を賠償する必要があります。

　ただし、直接に隣地に雨水を流しこんでしまう屋根や施設の設置は禁止されるものの、雨水が隣地に流入すること自体は禁止されていません。雨が降り、自分の土地で吸収しきれない雨水が隣地に流れ込んでいる場合には、自然な雨水の流入ですので、隣地の所有者にはその雨水を受け入れる義務があります。

相談 隣家の排水管を利用できるか

Case 増築を予定しています。自宅は傾斜地にあるのですが、その排水に下の隣の甲さんの排水管を利用するというお願いはできるでしょうか。また、上のお宅の乙さんの余水が私の敷地を通っているのですが、これを、既設の排水管を通すように変更することを請求できるでしょうか。

回答 治水は政策にも生活にも大切なことなので、民法は細かい規定を用意しています。相談の甲さんへのお願いの件は、通水工作物使用権という形で規定があり、隣地（甲さん）の既設の排水管を、相談者は使用することができるとしています。法律的には同意を得る必要もなく、妨害された場合は排水妨害禁止の請求をすることができます。緊急を要する場合は裁判所に仮処分命令を求めることも可能ですが、利用するからには、維持管理などの費用の分担は必要ですし、トラブルを避けるため、甲さんとは協議して同意を得るようにすべきでしょう。

　相談者の乙さんへの要望は、排水管などの設置を、乙さんの分と相談者の分で二重にしないですむなど、合理的な要求といえます。前述の、甲さんの排水管を使う場合と同じように、維持、管理の費用分担の効果も期待できます。法律の規定はありませんが、このような請求も認められる可能性があります。また、乙さんが、相談者の排水管を使うことで、著しく不便を強いられたり、不利益を被ってしまう場合は別ですが、相談者が自ら配管工事をして、排水に変更を加えて、隣地所有者（乙さん）にこの利用の変更を求めることもできます。

第7章　日照その他の近隣関係をめぐる法律問題　249

6 上下水道・ガス・電気の整備のための土地利用について知っておこう

他人の土地も使用できる

● どのような形で他人の土地を利用できるのか

　自分の土地に上水道、ガス、電気を引こうとする際に、自分の土地が公道と接しておらず、他人の土地に囲まれている（囲繞地）場合には、水道管・ガス管・電線を他人の土地に設置する必要があります。このとき、隣地の所有者が水道管などの設置を承諾すれば問題は生じないのですが、隣地の所有者が承諾しなかった場合には、隣地を使用する権利があるかどうかを訴訟で争うことになります。

　裁判所は、民法の規定や下水道法の規定を類推適用することで、水道管などを隣地に設置する権利を保護しています。民法には、必要に応じて他人の土地を使用したり、他人の土地を通行することを認める規定があります。また、下水道法には、下水道管を設置するために他人の土地を使用する権利を認める規定があります（下水道法11条）。これらの規定を用いることで、水道管・ガス管・電線を設置する目的で他人の土地を用いることができます。

　他人の私道に水道・ガス管の敷設を認めた裁判例もあります。また、他人の私道について、通行地役権（167ページ）などを持っている者は、その私道に水道・ガス管をひくことができます。

　なお、他人の土地を使用して配管・配線を設置する場合には、その土地の所有者にとって最も損害の少なくなる場所や方法を用いる必要があります。また、配管・配線を隣地に設置するにあたり、隣地の所有者に損害を与えた場合には、その損害を賠償しなければなりません。

● 下水道法ではどのように規定されているのか

　下水道法では、他人の土地を用いなければ下水道管を接続させることが困難な場合には、他人の土地を利用できることが明確に規定されています。そのため、下水道管を引く場合には、この規定により問題なく他人の土地を利用することができます。

　ただし、他人の土地を利用する場合には、その他人にとって最も損害が少なくなる方法を用いる必要があります。また、他人の土地を使用することで他人に損失を与えた場合には、損失を補償しなければなりません。

　下水道法では、他人の土地を使用しなければ下水道管を接続させることが困難な場合には、他人の土地にある排水設備を利用することも認めています。ただし、他人の土地にある排水設備を利用する者は、その設備にかかる費用を一部負担する必要があります。

■ 配管・配線の設置についての注意点

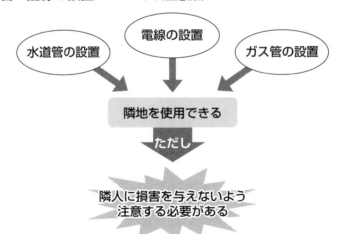

相談　トイレの設置場所についての法的規制はないのか

Case　東京の私の家は一般の住宅です。隣の家の家主Ａは、自宅を改造して居酒屋を始める予定で、１階を居酒屋にして、２階を住居にするとのことです。設計図を見せてもらったのですが、１階のトイレが私の寝室のすぐ横にくる予定になっています。私は仕事柄、夜は割りと早く就寝します。しかし、頭のところで居酒屋の客が何度もトイレに出入りをするので、深夜に頻繁に音がしたり、悪臭が漂ってくるのではたまりません。このような場合、法律上の規制はないものなのでしょうか。

回答　相隣関係に関する一般法である民法では、トイレ・便所に対する直接的な規制はありません。建物一般の規制として、民法234条１項では、建物を隣地境界線から50cm以上は離さなければならないとしています。もっとも、この規制は建築基準法によって、防火地域・準防火地域内では隣地境界線に接して建物を建てることができるという例外が設けられています（39ページ）。また、民法237条１項では、昔の「し尿だめ」を掘る場合には、境界線から１mの間隔を置くものとしています。

　本件は東京の住宅地のケースなので、いずれの規定でも規制できない可能性が大きいといえます。建築基準法では、下水道処理区域内では、水洗トイレにしなければならないと規定するので、し尿だめが置かれることはまずないでしょうが、汲み取り式のときはそれだけで規制の対象とはなります。

　もっとも、トイレの配置そのものでは問題が生じなくても、深夜の騒音や悪臭が受忍の限度を超えるようであれば、防音設備や防臭設備を設置するように請求できます。また、損害賠償（慰謝料）を請求することもできる可能性があります。

相談 公共下水道が開設された場合の排水はどのようにできるか

Case 自宅周辺に公共下水道がくる予定ですが、私の所有地の形状から、公共下水道に流水するための排水設備は、隣地を通るように設置しないとたいへんな距離を迂回しなければならず、事実上、不可能です。ところが、隣地の方は、無理をすれば下水道に流水できるのだからと、排水設備の設置を拒否しています。どのような対応が考えられますか。

回答 公共下水道が通ることに伴うので、下水道法による解決が考えられます。公共下水道を使用することになった場合、市町村が定めた「排水区域内」の土地の所有者などは、公共下水道を使用するのに必要な排水管などを設置しなければなりません。相談者も、隣地所有者も、この適用があります。

さらに、配管の設置について、他人の土地に排水設備を設置しないと公共下水道の利用が困難な場合には、その土地に排水設備を設置することができるとも規定しています。質問の事例では、この規定によって、隣地所有者などに、排水設備の設置のために土地の使用を請求することができます。ただし、相談者は、隣地の使用にあたって、最も損害の少ない場所や方法で設置しなければなりません。

ところで、下水道法の規定も相談者による直接的な実力行使を認めるものではありませんから、まずは、裁判所に対して、隣地所有者などが排水管の設置を妨害しないように請求する訴訟や調停を行わなければなりません。緊急を要する場合は、仮処分の申請を行うことも考えられます。

第7章 日照その他の近隣関係をめぐる法律問題 **253**

建築工事の騒音の規制について知っておこう

建築業者との間で協定書や合意書を締結するとよい

● 騒音規制法で規制されている

　騒音規制法という法律は、建築工事の騒音に関する規制を定めています。また、地方自治体は、騒音規制法に基づいて一定の規制ができることになっています。つまり規制には、騒音規制法によるものと地方自治体によるものがあるわけです。

　まず、騒音に関する一般的な規定である騒音規制法について見てみましょう。騒音規制法が規制の対象としている作業は、「くい打ち機」などによる騒音の著しい特定建設作業と呼ばれるものです。この特定建設作業による騒音については、都道府県知事によって、規制対象となる地域が指定され、各区域について、作業時間帯や1日の合計作業時間、騒音の大きさ、同一場所における連続作業期間などの基準を定めています。特定建設作業を行うには、あらかじめ作業の種類別の届出を都道府県知事に提出しなければなりません。

　特定建設作業以外の作業については、騒音規制法では定められていませんが、各地方自治体の条例によって規制されていることもあります。

　また、建設を行う者と近隣者の合意によって、さらに建設に関する被害についての規制をすることがあります。この規制に関する合意が成立した場合、合意書や協定書と呼ばれる書面を作成します。これらによって、合意書に反する作業などが行われた場合、裁判所に工事の中止を命ずる仮処分命令を出してもらうことができます。

　トラブルを防ぐためには、近所の人と共同で建設を行う者との協定を結ぶ、といった方法をとるのがよいでしょう。

相談 向かいのマンション建築工事の振動がひどい

Case わが家の向かいに高層マンションが建つことになりました。日当たりの問題もなかったのですが、いざ工事が始まると、あまりに激しい振動に閉口してしまいました。私は1日中家で仕事をしているため、大地震かと間違えるような揺れや、日中絶え間なく続く小刻みな揺れのため、まったく仕事に集中できません。どうしたらよいでしょうか。

回答 振動に関する法律には、振動規制法があります。振動規制法によると、住民の生活環境を保全する必要のある地域を、都道府県知事が指定しなければならないことになっています。都道府県知事が指定した地域内で振動を生じさせる建設工事や工場は、振動について規制を受けます。

質問の場合、まずはマンションの建築主と話し合うことをお勧めします。話し合いでは、作業時間を少なくしてもらうとか、作業方法を変えてもらうなど、被害をなくす、あるいは減らす努力をしてもらうようにします。

あなたの要求に建築主が対応してくれない場合には、都道府県や市区町村などで振動について扱っている部署に相談し、振動の程度を測定してもらうとよいでしょう。騒音もひどいのであれば、市区町村役場で騒音測定器を貸してもらって自分で測りましょう。また、大地震と間違えるような絶え間ない揺れという状況からみて、工事の振動による被害は、受忍限度を超えていると考えられますから、民法上の不法行為による損害賠償の請求もできます。この場合、精神的苦痛を受けたとして慰謝料請求もできます。

第7章　日照その他の近隣関係をめぐる法律問題　**255**

【監修者紹介】

森　公任（もり　こうにん）

昭和26年新潟県出身。中央大学法学部卒業。1980年弁護士登録（東京弁護士会）。1982年森法律事務所設立。おもな著作（監修書）に、『図解で早わかり　倒産法のしくみ』『不動産契約基本法律用語辞典』『民事訴訟・執行・保全　基本法律用語辞典』『契約実務　基本法律用語辞典』『中小企業のための会社法務の法律知識と実務ポイント』『図解で早わかり　相続・贈与のしくみと手続き』など（小社刊）がある。

森元　みのり（もりもと　みのり）

弁護士。2003年東京大学法学部卒業。2006年弁護士登録（東京弁護士会）。同年森法律事務所 入所。おもな著作（監修書）に、『図解で早わかり　倒産法のしくみ』『不動産契約基本法律用語辞典』『民事訴訟・執行・保全　基本法律用語辞典』『契約実務　基本法律用語辞典』『中小企業のための会社法務の法律知識と実務ポイント』『図解で早わかり　相続・贈与のしくみと手続き』など（小社刊）がある。

森法律事務所
弁護士16人体制。家事事件、不動産事件等が中心業務。
〒104-0033　東京都中央区新川２－15－３　森第二ビル
電話　03-3553-5916
http：//www.mori-law-office.com

すぐに役立つ
最新
建築基準法と私道・境界・日照権の法律とトラブル解決法

2019年9月30日　第1刷発行

監修者	森公任　森元みのり
発行者	前田俊秀
発行所	株式会社三修社
	〒150-0001　東京都渋谷区神宮前2-2-22
	TEL　03-3405-4511　FAX　03-3405-4522
	振替　00190-9-72758
	http://www.sanshusha.co.jp
	編集担当　北村英治
印刷所	萩原印刷株式会社
製本所	牧製本印刷株式会社

©2019 K. Mori & M. Morimoto Printed in Japan
ISBN978-4-384-04826-1 C2032

|JCOPY|〈出版者著作権管理機構　委託出版物〉

本書の無断複製は著作権法上での例外を除き禁じられています。複製される場合は、そのつど事前に、出版者著作権管理機構（電話 03-5244-5088　FAX 03-5244-5089　e-mail: info@jcopy.or.jp）の許諾を得てください。